Joachim Bothur

Securitisation: Immobilienfinanzierung durch Verbriefung

Darlehensverbriefung eines gewerblichen Wohnungswirtschaftsunternehmens

Diplomica® Verlag GmbH

Bothur, Joachim: Securitisation: Immobilienfinanzierung durch Verbriefung.
Darlehensverbriefung eines gewerblichen Wohnungswirtschaftsunternehmens,
Hamburg, Diplomica Verlag GmbH 2009

ISBN: 978-3-8366-8367-8
Druck Diplomica® Verlag GmbH, Hamburg, 2009

Bibliografische Information der Deutschen Nationalbibliothek
Die Deutsche Nationalbibliothek verzeichnet diese Publikation in der Deutschen
Nationalbibliografie; detaillierte bibliografische Daten sind im Internet über http://dnb.d-nb.de abrufbar.

Die digitale Ausgabe (eBook-Ausgabe) dieses Titels trägt die ISBN 978-3-8366-3367-3
und kann über den Handel oder den Verlag bezogen werden.

Dieses Werk ist urheberrechtlich geschützt. Die dadurch begründeten Rechte, insbesondere die der Übersetzung, des Nachdrucks, des Vortrags, der Entnahme von Abbildungen und Tabellen, der Funksendung, der Mikroverfilmung oder der Vervielfältigung auf anderen Wegen und der Speicherung in Datenverarbeitungsanlagen, bleiben, auch bei nur auszugsweiser Verwertung, vorbehalten. Eine Vervielfältigung dieses Werkes oder von Teilen dieses Werkes ist auch im Einzelfall nur in den Grenzen der gesetzlichen Bestimmungen des Urheberrechtsgesetzes der Bundesrepublik Deutschland in der jeweils geltenden Fassung zulässig. Sie ist grundsätzlich vergütungspflichtig. Zuwiderhandlungen unterliegen den Strafbestimmungen des Urheberrechtes.

Die Wiedergabe von Gebrauchsnamen, Handelsnamen, Warenbezeichnungen usw. in diesem Werk berechtigt auch ohne besondere Kennzeichnung nicht zu der Annahme, dass solche Namen im Sinne der Warenzeichen- und Markenschutz-Gesetzgebung als frei zu betrachten wären und daher von jedermann benutzt werden dürften.

Die Informationen in diesem Werk wurden mit Sorgfalt erarbeitet. Dennoch können Fehler nicht vollständig ausgeschlossen werden und der Verlag, die Autoren oder Übersetzer übernehmen keine juristische Verantwortung oder irgendeine Haftung für evtl. verbliebene fehlerhafte Angaben und deren Folgen.

© Diplomica Verlag GmbH
http://www.diplomica-verlag.de, Hamburg 2009
Printed in Germany

Inhaltsverzeichnis

Inhaltsverzeichnis 1

Abbildungsverzeichnis 3

Tabellenverzeichnis 5

Abkürzungsverzeichnis 6

Ziel und Aufbau der Veröffentlichung 8

1 Markt- und Umfeldbedingungen der Immobilienwirtschaft 11

    1.1 Umfeldsituation der immobilienbewirtschaftenden Unternehmen 11

    1.2 Der demografische Wandel in Deutschland 12

    1.3 Daten und zukünftige Entwicklung der Wohnungsmärkte 15

    1.4 Möglichkeiten der Wohnungswirtschaft 16

    1.5 Gewerbe- und Sonderimmobilienmärkte 19

2 Grundlagen der Immobilienfinanzierung 24

    2.1 Systematisierung der Immobilienfinanzierung 24

    2.2 Maßgebliche Finanzintermediäre für Immobilienfinanzierungen 25

    2.2.1 Immobilienfinanzierung in Deutschland 26

    2.2.2 Anbieter von Immobilienfinanzierungen 26

    2.3 Traditionelle Immobilienfinanzierung 29

    2.4 Sachenrechtliche Grundlagen der Finanzierung 30

    2.5 Strukturierte (innovative) Immobilienfinanzierung 32

3 Die Verbriefung im Bereich der deutschen Immobilienwirtschaft 34

    3.1 Handhabung und Grundbegriffe 34

    3.1.1 Real Estate Investment Banking 34

    3.1.2 Asset Backed Securities 36

    3.1.3 Einzweckgesellschaft 38

    3.1.4 Auswirkungen auf den Kreditnehmer bei ABS-Transaktionen 39

    3.2 Verbriefungen in der deutschen Immobilienwirtschaft 40

    3.2.1 Wege zum Kapitalmarkt 40

    3.2.2 Mortgage Backed Securitisation 42

    3.2.3 Real Estate Securitisation 43

4 Fallstudie: Die Verbriefung von Immobiliendarlehen 46
4.1 Beschreibung des Unternehmens 46
4.2 Kapitalmarktbasierte Finanzierung 47
4.3 Funktionsträger eines Verbriefungsprozesses 48
4.3.1 Der Arrangeur 49
4.3.2 Die Objektgesellschaft 50
4.3.3 Service-Agent und Treuhänder 53
4.4 Maßnahmen eines Verbriefungsprozesses 55
4.5 Die Due Diligence Real Estate 56
4.5.1 Der Letter of Intent 57
4.5.2 Die wirtschaftliche Due Diligence 58
4.5.3 Die rechtliche Due Diligence 59
4.5.4 Die steuerliche Due Diligence 61
4.5.5 Die technische Due Diligence 63
4.5.6 Cash-flow der Transaktion 68
4.5.7 Zwischenfazit 70
4.6 Covenants 71
4.6.1 Financial Covenants 72
4.6.2 Non-Financial Covenants 75
4.6.3 Rechtsfolgen bei Covenant-Brüchen 76
4.6.4 Zwischenfazit 78

5 Abschließende Betrachtung und Ausblick 79

Quellenverzeichnis 83

Anhang 89

Anhang 1: Kriterien der Marktattraktivität von Immobilienmärkten 89

Anhang 2: Scoring-Modell Wettbewerbsstärke 90

Anhang 3: Checkliste Due Diligence Real Estate Teil 1 91

Anhang 4: Checkliste Due Diligence Real Estate Teil 2 92

Anhang 5: Business-Plan/Portfolio 93

Anhang 6: Muster Schuldendienstdeckungsvereinbarung 94

Anhang 7: Muster Erfüllungsbescheinigung 95

Abbildungsverzeichnis

Abbildung 1: Einfluss veränderter Lebenswirklichkeiten auf das Investitionsgut Immobilie (Quelle: Eigene Darstellung).. 12

Abbildung 2: Prozesse der demografischen Entwicklung (Quelle: Eigene Darstellung in Anlehnung an Klemmer 2005: 1).. 12

Abbildung 3: Prognostizierte Altersverteilung und Bevölkerungsentwicklung 1999 - 2050 (Quelle: Eigene Darstellung in Anlehnung an Statistisches Bundesamt 2006: Fachserie 1, H 3, T 2.) 14

Abbildung 4: Wohnungsbestand je 1.000 Einwohner (Quelle: Eigene Darstellung in Anlehnung an Statistisches Bundesamt 2007: Fachserie 5, R3.) 16

Abbildung 5: Marktattraktivität von Immobilienportfolios (Quelle: Eigene Darstellung in Anlehnung an Mehlis 2006: 124).. 18

Abbildung 6: Wettbewerbsstärke am Beispiel von Mietwohnobjekten (Quelle: Eigene Darstellung).. 18

Abbildung 7: Risiko in Abhängigkeit von der Preiselastizität der Nachfrage (Quelle: Eigene Darstellung in Anlehnung an Sotelo o.JG: 11)....................... 22

Abbildung 8: Instrumente zur Finanzierung von Immobilien (Quelle: Eigene Darstellung in Anlehnung an Hellerforth 2008: 57; Iblher 2008: 533)............... 25

Abbildung 9: Struktur des Geschäftsbankensystems in Deutschland (Quelle: Eigene Darstellung in Anlehnung an Bitz, Stark 2008: 1)................................. 27

Abbildung 10: Klassisches Modell der Kreditsicherung (Quelle: Eigene Darstellung in Anlehnung an Dietrich 2005: 228)... 29

Abbildung 11: Aktives Portfoliomanagement und traditionelles Kreditgeschäft (Quelle: Hellerforth 2008: 114).. 32

Abbildung 12: Der Immobilienfinanzmarkt im Wandel (Quelle: Eigene Darstellung in Anlehnung an Bienert 2005: 31; Gondring et al. 2003: 5 f.) 36

Abbildung 13: Beziehungsskizze einer ABS-Finanzierung (Quelle: Eigene Darstellung).. 37

Abbildung 14: Struktureller Teil einer Securitisations Transaktion (Quelle:

Eigene Darstellung)... 38

Abbildung 15: Kapitalmarktzugang mittels Bank (Quelle: Eigene Darstellung in Anlehnung an Trampe 2007: 9)... 40

Abbildung 16: Eigener Kapitalmarktzugang (Quelle: Eigene Darstellung in Anlehnung an Trampe 2007: 9)... 41

Abbildung 17: Untergliederung der MBS innerhalb des Asset Backed Securities Marktes (Quelle: Eigene Darstellung in Anlehnung an Bienert 2005a: 389) 42

Abbildung 18: Vergleich der Pfandbriefe mit Mortgage Backed Securities (Quelle: Eigene Darstellung in Anlehnung an Bienert 2005a: 391; Hellerforth 2008: 123)... 43

Abbildung 19: Immobilien Securitisation (Quelle: Eigene Darstellung in Anlehnung an Breidenbach 2008: 620).. 44

Abbildung 20: Darlehensstruktur der Alpha Ges. (Quelle: Eigene Darstellung: Alpha Ges.) 46

Abbildung 21: Segmentierung der Funktionsträger (Quelle: Eigene Darstellung) 49

Abbildung 22: Tätigkeitsfeld des Arrangeurs (Quelle: Eigene Darstellung)....... 49

Abbildung 23: Tätigkeitsfeld des Servicers und Trustees (Quelle: Eigene Darstellung).. 54

Abbildung 24: Diversifikationsmöglichkeiten von Immobilienportfolios (Quelle: Eigene Darstellung in Anlehnung an Thomas, Wellner 2007: 109).................. 64

Abbildung 25: Objektszenarien (Quelle: Eigene Darstellung in Anlehnung an Lauer 2008: 73 f.).. 69

Abbildung 26: Schritte zur Free-Cash-flow Planung (Quelle: Eigene Darstellung) 69

Abbildung 27: Kriterien der Marktattraktivität (Quelle: Eigene Darstellung in Anlehnung an Allendorf, Kurzrock 2007: 127).. 89

Abbildung 28: Scoring-Modell Wettbewerbsstärke (Quelle: Eigene Darstellung in Anlehnung an Wellner 2003: 200 f.; Bone-Winkel et al. 2008: 810) 90

Abbildung 29: Checkliste Due Diligence Real Estate Teil 1 (Quelle: Eigene

Darstellung in Anlehnung an Reul, Stengel 2007: 418 f.) 91

Abbildung 30: Checkliste Due Diligence Real Estate Teil 2 (Quelle: Eigene Darstellung in Anlehnung an Reul, Stengel 2007: 418 f.) 92

Abbildung 31: Business-Plan/Portfolio (Quelle: Eigene Darstellung: ObjektCo)93

Tabellenverzeichnis

Tabelle 1: Verbindlichkeiten gegenüber Kreditinstituten > 5 Jahre (Quelle: Eigene Darstellung: Alpha Ges.) 47

Tabelle 2: Instandsetzungsbedarf Health Care (Quelle: Eigene Darstellung) .. 67

Tabelle 3: Strukturierung der Untersuchungsobjekte (Quelle: Eigene Darstellung) 67

Tabelle 4: Cash-flow-Szenario-1 Spezialimmobilien (Quelle: Eigene Darstellung) 74

Tabelle 5: Cash-flow-Szenario-2 Spezialimmobilien (Quelle: Eigene Darstellung) 75

Abkürzungsverzeichnis

Abb.	Abbildung
ABS	Asset-Backed Securities
Abschn.	Abschnitt
ANF	Annuitätenfaktor
AO	Abgabenordnung
BaFin	Bundesanstalt für Finanzdienstleistungsaufsicht
BE	Berlin
BGB	Bürgerliches Gesetzbuch
Bio.	Billion(en)
BW	Baden-Württemberg
BY	Bayern
bzgl.	bezüglich
bzw.	beziehungsweise
CMBS	Commercial Mortgage-Backed Securities
d.h.	das heißt
d.s.	das sind
DSCR	Debt Service Cover(age) Ratio
EStG	Einkommensteuergesetz
et al.	et altera
etc.	et cetera
f.	folgende
GE	Gewerbeeinheit
gem.	gemäß
GewStG	Gewerbesteuergesetz
ggf.	gegebenenfalls
gif	Gesellschaft für Immobilienwirtschaftliche Forschung e.V.
GrEStG	Grunderwerbsteuergesetz
HGB	Handelsgesetzbuch
Hrsg.	Herausgeber
ICR	Interest Cover Ratio
i.d.R.	in der Regel
i.e.S.	im engeren Sinn
i.V.m.	in Verbindung mit
i.w.S.	im weiteren Sinn
KFW	Kreditanstalt für Wiederaufbau

LFI	Landesförderinstitut
LOI	Letter of Intent
L & L	Lieferung und Leistung
m²	Quadratmeter
MBS	Mortgage-Backed Securities
Mio.	Million(en)
Mrd.	Milliarde(n)
o.g.	oben genannte(n)
o.Jg	ohne Jahrgang
OT	Ortsteil
REEF	Real Estate Equity Fund
REIB	Real Estate Investment Banking
RES	Real Estate Securitisation
RMBS	Residential Mortgage-Backed Securities
S.	Seite(n)
s.	siehe
SGF	Strategisches Geschäftsfeld
s.o.	siehe oben
sog.	sogenannte(n)
SPV	Special Purpose Vehicle
u.a.	unter anderem
USt.	Umsatzsteuer
UStG	Umsatzsteuergesetz
usw.	und so weiter
u.U.	unter Umständen
v.a.	vor allem
VE	Verwaltungseinheit
vgl.	vergleiche
WE	Wohneinheit
z.B.	zum Beispiel
z.Z.	zur Zeit

Ziel und Aufbau der Veröffentlichung

- **Problemstellung und Ziel**

Immobilienkrise - Finanzkrise - Kreditkrise: Für die internationalen Kapitalmärkte bescheren die Jahre 2008/2009 wenig erfreuliche Nachrichten, ein Ende dieser schwierigen Lage scheint vorerst nicht in Sicht. So stehen die internationalen Kapitalmärkte vor den größten Herausforderungen seit der Weltwirtschaftskrise 1929 (vgl. Bloss et al. 2009: 1 f.). Wurde 1929 die Geldmenge noch verknappt und damit die Krise angeheizt, haben die Staaten mittlerweile aus ihren Fehlern gelernt, so dass inzwischen Regierungen Bürgschaften für krisengefährdete Banken bereit stellen und die Zentral- und Notenbanken die Kreditmärkte mit zusätzlicher Liquidität versorgen. Trotz dieser massiven Interventionen besteht eine Unterversorgung inländischer Unternehmen mit frischen Krediten. Gründe hierfür finden sich vor allem in einem nur ungenügend funktionierenden Interbankenmarkt[1], aber auch in einer massiven Vertrauenskrise gegenüber dem gesamten Kapitalmarkt. Letzteres spiegelt sich in einer deutlichen Verschärfung der Kreditrichtlinien für Unternehmenskredite und einer Neubewertung von Kreditrisiken wider, was sich ganz allgemein auf ein mangelndes Vertrauen der Kapitalanleger zurückführen lässt (vgl. EZB 2009: 24 f.).

Selbst die von der Immobilien-Spekulationsblase kaum betroffene deutsche Immobilienwirtschaft klagt über Schwierigkeiten bei der Finanzierung ihrer Vorhaben. Die bisher in der Mehrzahl praktizierte klassische Kreditfinanzierung mit Hilfe von Banken ist durch Zurückhaltung bei Kreditzusagen gekennzeichnet. Jedoch ist gerade die kapitalintensive Immobilienwirtschaft auf einen verlässlichen Finanzierungsmarkt angewiesen. Somit wird es immer wichtiger, zusätzliche Finanzierungsvarianten in Anspruch zu nehmen. Einen erfolgversprechenden Weg bietet hierbei die Inanspruchnahme von sog. „Innovativen Finanzquellen", zu denen auch die hier näher betrachtete Finanzierung durch Immobilienverbriefung, die sog. „Securitisation" zählt. Jene beschränkt sich nicht mehr ausschließlich auf die grundpfandrechtlichen Sicherheiten, sondern stellt vielmehr auf die nachhaltige Ertragskraft der Immobilie ab (vgl. Berens et al. 2008: 379). Da jede Immobilie auf Cash-flow basiert und dieser bei dauerhaft und langfristig

---

[1] Interbankenmarkt (auch Interbanken-Geldmarkt): Der Handel mit Zentralbankgeld zwischen Geschäftsbanken. Rund ein Drittel der Kredite deutscher Banken sind Darlehen am Interbankenmarkt. Zeigt dieser Markt schwere Störungen an (wie im Zuge der momentan bestehenden internationalen Finanzkrise), deutet dies auf eine systemische Krise hin (vgl. Merk 2008: 494).

stabilen Mieten gewährleistet ist, eignen sich Immobilien sehr gut für die Verbriefung am Kapitalmarkt. Immobilien Securitisation stellt damit eine alternative, innovative und kapitalmarktorientierte Immobilienfinanzierungsform dar (vgl. Breidenbach 2008: 618 f.).

Ziel der vorliegenden Veröffentlichung ist es aufzuzeigen, wie die Bewerkstelligung einer strukturierten Immobilienfinanzierung erfolgen kann und wie hierdurch gewerbliche Wohnungsunternehmen auch zukünftig in der Lage sein werden, ihren Finanzbedarf zu decken. Hierzu werden die verschiedenen Arten von Verbriefungsprodukten im Immobilienfinanzierungsgeschäft aufgezeigt. Diese international geprägten Finanzierungsformen avancieren mittlerweile auch in Deutschland zu einem festen Bestandteil der Immobilienfinanzierung. Für sehr große Unternehmen ist es hierbei zum Teil erstrebenswert, einen eigenen Kapitalmarktzugang zu erhalten, während andere Finanzierungssuchende die Rolle des Kreditinstitutes als Kapitalmarktintermediär in Anspruch nehmen. Für das finanzierungssuchende Immobilienunternehmen bedeutet dies, die an der Due Diligence ausgerichtete Strukturierung der Finanzierung, die hiermit verbundene Gründung einer Einzweckgesellschaft und die Überwachung und Steuerung des Finanzierungsengagements durch vereinbarte Covenants zu beachten und umzusetzen. In diesem Zusammenhang erstreckt sich der Schwerpunkt dieser Veröffentlichung auf die Darstellung der organisatorischen Gestaltung einer Finanzierung, welche aufgrund der erheblichen Komplexität des Finanzierungsgebildes mit Hilfe eines Kreditinstitutes durchgeführt wird.

- **Aufbau und Vorgehensweise**

Zunächst wird im *ersten Kapitel* auf die Umfeldbedingungen der gewerblichen Wohnungswirtschaft eingegangen. Um die Ertragskraft eines Immobilienportfolios in der Zukunft einzuschätzen und damit die Plausibilität der Prognose für die Finanzierbarkeit der Objekte zu prüfen, ist es erforderlich, die Struktur und den Wettbewerb in der betreffenden Branche zu erklären und aufzuzeigen.

Das **zweite Kapitel** befasst sich mit den Grundlagen von Investition und Finanzierung, wobei speziell auf die Finanzintermediäre, die Finanzierungsarten und die Besonderheiten bei Immobilienfinanzierungen eingegangen wird.

Diese Kenntnisse helfen in *Kapitel drei*, die Wesensart einer Strukturierten Finanzierung nachvollziehen zu können, welche an Hand der verschiedenen Ausprägungen der Immobilien Securitisation vorgestellt wird.

Im *vierten Kapitel* wird die Immobilien Securitisation an einem konkreten Fallbeispiel aufgezeigt. Dabei handelt es sich nicht um eine sog. Real Estate Securitisation, bei welcher der Immobilieninhaber direkt den Weg zum Kapitalmarkt sucht. Vielmehr geht hier die Initiative von der darlehensgebenden Bank aus. Im „Strukturellen Teil" der Finanzierung werden die diesbezüglich notwendigen Funktionsträger und Maßnahmen vorgestellt. Hierbei wird schwerpunktmäßig auf die neu zu gründende Objektgesellschaft und die Due Diligence Real Estate eingegangen. Der nachfolgende „Operationale Teil" beschäftigt sich mit den zu gewährenden Mitwirkungs- und Kontrollrechten, welche über umfangreiche Nebenabreden (Covenants) in den Finanzierungsverträgen explizit benannt werden.

Die Schlussbetrachtung umfasst neben einer zusammenfassenden Beurteilung des dargestellten Finanzierungsinstrumentes Securitisation einen Ausblick auf die Erfolgsaussichten, die diese Sonderform der Fremdkapitalbeschaffung bietet.

1 Markt- und Umfeldbedingungen der Immobilienwirtschaft

Das aktuelle Jahrzehnt beschert der Immobilienwirtschaft einen echten Paradigmenwechsel. So entdecken neben deutschen institutionellen Anlegern auch ausländische Investoren das Renditeobjekt Immobilie. Dabei ändert sich die Anlageform der Immobilie zunehmend zu einer eigenen Anlagegattung, die als eine unter vielen Assetklassen mit anderen Finanzanlagen in Konkurrenz steht.

Neben diesen grundsätzlichen Änderungen auf den Finanzmärkten steht die Immobilienbranche auch einem Trend der Professionalisierung und Spezialisierung gegenüber. So gewinnen neben den ökonomischen Anforderungen an eine Immobilie immer mehr ökologische, soziale und technische Ansprüche an Bedeutung (vgl. Mayrzedt et al. 2007: V). Investitionen in Niedrigenergiehäuser, umweltverträgliches Wohnen, betreutes Wohnen etc. verlangen nach einer genauen Beobachtung des Marktes, einem durchdachten Konzept, einer guten Baukunst und fundierten Entscheidungen. Das qualitative Wachstum präferiert gegenüber dem quantitativen Wachstum. So können Fehlinvestitionen zu Leerständen, teuren Komplettsanierungen bis hin zum vorzeitigen Abriss führen.

Dieser fundamentale Wandel in der Immobilienwirtschaft gegenüber früheren Zeiten ist wiederum mit Veränderungen in der Fremdfinanzierung sowie mit Veränderungen bei der Bereitstellung durch Eigenkapital verbunden (vgl. Mayrzedt et al. 2007: V). Für die Akteure der immobilienbewirtschaftenden Unternehmen ist es notwendig im Rahmen dieses gewaltigen Umbruches ihren eigenen Weg zu finden, um den aktuellen Ansprüchen gerecht zu werden. Für das Verständnis der Thematik ist eine Beschreibung von Gegebenheiten und tendenziellen Entwicklungen notwendig.

1.1 Umfeldsituation der immobilienbewirtschaftenden Unternehmen

Die Entwicklungsphasen der Immobilienwirtschaft seit dem Bestehen der Bundesrepublik Deutschland bis zum heutigen Tag zeigen, dass insbesondere die Bereiche der Wohn- und Gewerbevermietung durch eine zunehmende Marktsättigung gekennzeichnet sind. Mit dieser im ersten Moment nicht sehr zuversichtlich klingenden Situation der Branche verknüpft sich allerdings eine Veränderung der Lebenswirklichkeiten. So weichen beispielsweise industrielle Arbeitsplätze dem wachsenden Bedarf an Räumlichkeiten für Dienstleistungs- oder Pflegeberufe.

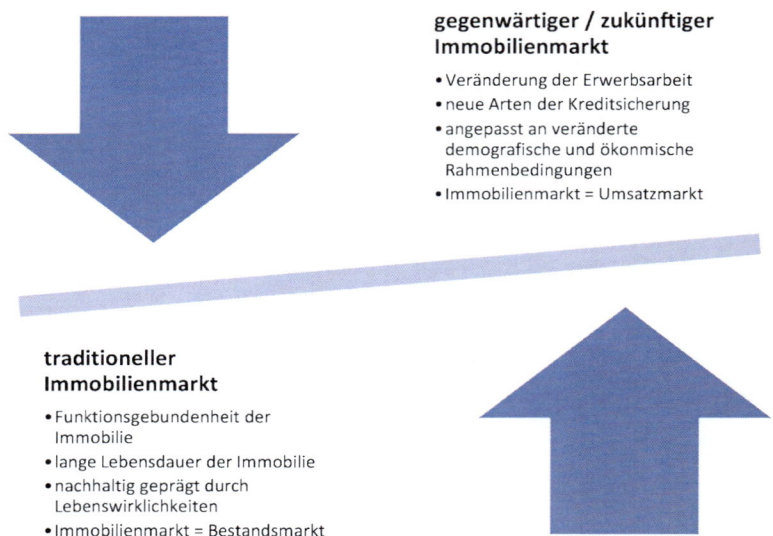

Abbildung 1: Einfluss veränderter Lebenswirklichkeiten auf das Investitionsgut Immobilie (Quelle: Eigene Darstellung)

Die in Abbildung 1 veranschaulichten aktuellen Veränderungen der Markt- und Umfeldsituation haben unmittelbare Auswirkungen auf die gesamte Immobilienwirtschaft. Die folgenden Ausführungen sollen einen Überblick über die Bedeutung und Problematik der demografischen und ökonomischen Einflussfaktoren geben.

1.2 Der demografische Wandel in Deutschland

Die Zukunft Deutschlands lässt sich mit den oft wiedergegebenen Worten umschreiben: Wir werden weniger, älter und bunter. Alle drei Trends wirken sich auf die Immobilienwirtschaft aus. Dabei vollziehen sich die Prozesse der Schrumpfung, Alterung und Heterogenisierung sowohl in räumlicher Hinsicht als auch mit unterschiedlicher Intensität und Geschwindigkeit (vgl. Klemmer 2005: 1; Stiftung Niedersachsen 2006: 7).

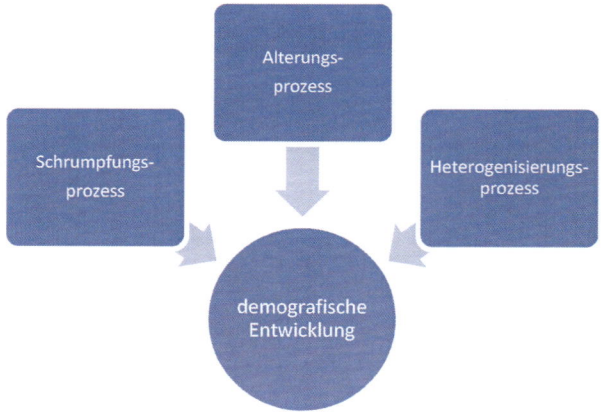

Abbildung 2: Prozesse der demografischen Entwicklung (Quelle: Eigene Darstellung in Anlehnung an Klemmer 2005: 1)

Die demografische Entwicklung in Deutschland ist in erster Linie gekennzeichnet durch eine tendenziell rückläufige Bevölkerungszahl (**Schrumpfungsprozess**). Ursache dieses Wandels ist eine von Generation zu Generation sinkende Zahl von Geburten. Liegt die Geburtenhäufigkeit bei derzeitig 1,4 Kindern pro Frau, wäre für den zahlenmäßigen Ersatz der Generationen ein Bestandserhaltungsniveau von 2,1 Kindern pro Frau notwendig (vgl. Statistisches Bundesamt 2006a: 8 f.). Ende 2005 lebten in Deutschland 82,4 Millionen Menschen. Unter der Annahme einer fast konstanten Geburtenrate, eines moderaten Anstiegs der Lebenserwartung und eines jährlichen Wanderungssaldos von 100.000 Personen wird die Bevölkerungszahl bis zum Jahr 2050 auf ca. 68,7 Millionen zurückgehen (vgl. Statistisches Bundesamt 2006a: 33).

Verschärft wird die oben dargestellte Entwicklung durch bereits vorhandene und zukünftige räumliche Ungleichheiten. Die Abwanderung v.a. junger und gut qualifizierter Frauen aus ländlichen Gebieten und insbesondere aus einigen Regionen Ostdeutschlands führt nicht nur zur Bildung einer „neuen sozialen Unterschicht", sondern verschlechtert auch noch die demografischen Zukunftschancen in diesen Teilen Deutschlands, da potentielle Mütter fehlen (vgl. Migration-Info 2007: 1). Diese Disparitäten führen zu einem Nebeneinander von Wachstum und Schrumpfung. So hat auf regionaler Ebene der Bevölkerungsrückgang bereits in den neunziger Jahren begonnen. Besonders deutlich wird dies an ostdeutschen Städten wie beispielsweise Schwerin (-20,5%), Rostock (-19,2%), Chemnitz (-18,6%) (vgl. Klemmer 2005: 3). Demgegenüber gewann die Bevölkerung Westdeutschlands seit der Wiedervereinigung bis zu 9% hinzu. Mittelfristig wird allerdings nur noch für die drei Bundesländer Hamburg, Baden-Württemberg und Bayern mit einem Bevölkerungswachstum gerechnet (vgl. Bundesinstitut für Bevölkerungsforschung 2008: 34).

Während die Geburtenrate in Deutschland stetig abnimmt, steigt gleichzeitig die Lebenserwartung an (**Alterungsprozess**). Liegt diese heute noch bei 77 (bei Männern) bzw. 82 Jahren (bei Frauen), wird sie voraussichtlich bis zum Jahr 2050 auf 83 bzw. 88 Jahre ansteigen (vgl. Statistisches Bundesamt 2006a: 12). Die Zahl der 65-jährigen und älteren wird von derzeit etwa 16 Millionen auf über 22 Millionen im Jahr 2030 ansteigen und 2050 etwa 23 Millionen umfassen. Somit dürfte 2050 ca. jeder dritte Einwohner Deutschlands 65 Jahre oder älter sein (vgl. Bundesinstitut für Bevölkerungsforschung 2008: 18).

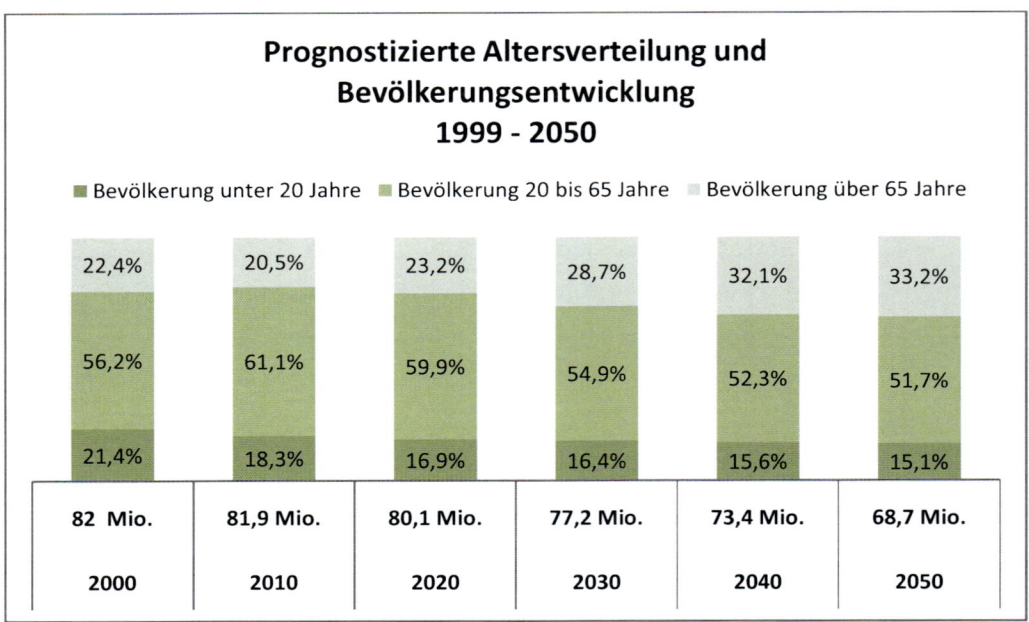

Abbildung 3: Prognostizierte Altersverteilung und Bevölkerungsentwicklung 1999 - 2050 (Quelle: Eigene Darstellung in Anlehnung an Statistisches Bundesamt 2006: Fachserie 1, H 3, T 2.)

Unsere Gesellschaft wird bunter (**Heterogenisierungsprozess**). Darunter versteht man allerdings nicht nur eine verstärkte Zuwanderung von Ausländern und den damit verbundenen Wandel in der ethnischen Zusammensetzung der Bevölkerung, sondern auch neue Lebensstile und Ansprüche, die teilweise eine Folge der oben dargestellten demografischen Veränderungen sind. Heterogenisierung ist also im engeren Sinne zwar keine demografische Rahmenbedingung, wird aber durch den demografischen Wandel verstärkt (vgl. Klemmer 2005: 6). Besonders deutlich wird dies an veränderten Lebensgewohnheiten, dem Alterungsprozess und dem Abmildern des Schrumpfungsprozesses durch erhöhte Zuwanderungen. So zeichnet sich bereits in der Gegenwart ein Anteilszuwachs von Zwei-Personen-Haushalten, Ein-Personen-Haushalten und Haushalten für Alleinerziehende ab (vgl. Klemmer 2005: 6).

Zusammenfassend lässt sich konstatieren, dass die Bevölkerung in Deutschland schon in naher Zukunft durch niedrige Fertilität und steigende Lebenserwartung schrumpfen und deutlich älter werden wird. Dabei kann die natürliche Bevölkerungsentwicklung in den unterschiedlichen Regionen durch Zu- oder Abwanderungen erheblich gesteigert oder auch im umgekehrten Sinne dezimiert werden. Während also strukturschwache, ländliche Räume vor allem im Osten Deutschlands einem Abwärtstrend unterliegen, profitieren davon Regionen um Ballungsräume wie Berlin, München oder Hamburg. Bundesweit wird sich die Bevölkerungsstruktur aufgrund des gesellschaftlichen Alterungsprozesses und der verstärkten Zuwanderung von Ausländern ändern.

Dies impliziert eine gesellschaftspolitische Verantwortung, der sich auch die Immobilienwirtschaft stellen muss.

In den folgenden Abschnitten sollen nun die Auswirkungen der demografischen Trendwende auf einzelne, wesentliche Immobilienarten erläutert werden.

1.3 Daten und zukünftige Entwicklung der Wohnungsmärkte

Ein Zweig der Immobilienwirtschaft ist die Wohnungswirtschaft. Ihre Hauptfunktionen sind Wohnungsneubau, Wohnungsversorgung mit Bewirtschaftung, Finanzierung und Vermarktung von Immobilien.

Die Wohnungsversorgung vollzieht sich in Deutschland über Wohnungsmärkte. Grundlegend werden folgende Märkte unterschieden:

- Der **Markt für Wohnungsnutzungen (Miete)**, auf dem zeitlich begrenzte Nutzungsrechte an einer Wohnung angeboten und nachgefragt werden.
- Der **Markt für Wohnimmobilien (Kauf)**, auf dem Eigentumsrechte an Wohnimmobilien gehandelt werden (vgl. Kofner 2004: 19).

Die Wohnungswirtschaft befindet sich derzeit in einer Phase, die durch niedrige Renditen und teils gestiegene Leerstandsraten gekennzeichnet ist. Während in der Vergangenheit noch hohe Erträge zu verzeichnen waren, wandelt sich seit Mitte der 1990er Jahre der Wohnungsmarkt, bedingt durch eine subventionsinduzierte Angebotserweiterung, vom Anbieter- zum Nachfragermarkt. Verstärkt wird dieser Trend durch den oben beschriebenen demografischen Wandel sowie durch Prognosen, die zwar von einer deutlichen Steigerung der Anzahl der Haushalte bis ca. 2020 ausgehen, ab 2030 allerdings einen beschleunigten Rückgang der Wohnflächennachfrage voraussagen (vgl. Spieker 2005: 181; Just 2005: 10).

Obwohl die Bevölkerungszahl tendenziell massiv rückläufig sein wird, änderte sich in der Vergangenheit insbesondere durch investitionsfreundliche Rahmenbedingungen[2] der Wohnungsbestand wie folgt:

---

[2] In keinem Industrieland der Welt ist der Beitrag der Steuern auf Vermögen und Vermögensverkehr (d.s. die Grundsteuer, die Grunderwerbsteuer sowie die Schenkungs- und Erbschaftsteuer) zum Gesamtaufkommen von Steuern und Sozialversicherungsbeiträgen so niedrig wie in Deutschland (vgl. DV 2007: 20).

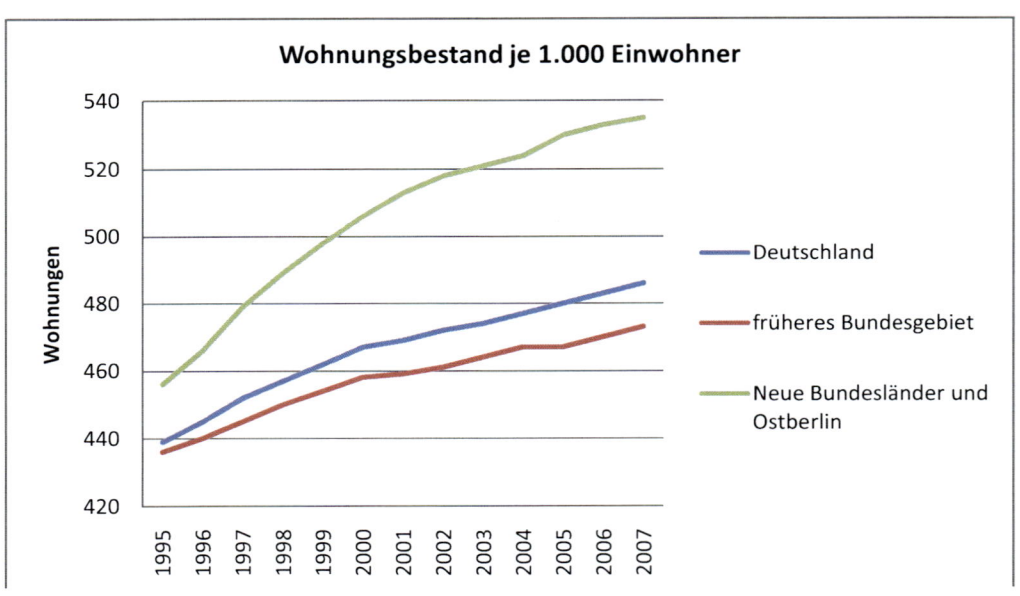

Abbildung 4: Wohnungsbestand je 1.000 Einwohner (Quelle: Eigene Darstellung in Anlehnung an Statistisches Bundesamt 2007: Fachserie 5, R3.)

In den Jahren 1994 bis 2003 entstand deutschlandweit eine zusätzliche Wohnfläche von 391 Mio. Quadratmetern. Dies entspricht einer zusätzlichen Wohnfläche für ca. 9,5 Millionen Menschen, das sind zusammengerechnet die Einwohner der acht größten Städte Deutschlands: Berlin, Hamburg, München, Köln, Frankfurt/M., Dortmund, Stuttgart und Düsseldorf (vgl. DV 2007: 21 f.).

Vor diesem Hintergrund erklärt sich die dringende Notwendigkeit eine Segmentierung der Wohnungsmärkte unter Berücksichtigung der regionalen Anpassung der Geburtenraten, Wanderungsbewegungen, Alterungstrends und nach Differenzierung der Gesellschaft vorzunehmen.

1.4 Möglichkeiten der Wohnungswirtschaft

Wie sollte nun das einzelne Wohnungswirtschaftsunternehmen mit dem Wissen um die Entwicklung der Märkte verfahren?

Im Mittelpunkt des Immobilien-Portfolio-Managements steht die **strategische und taktische Portfolio-Planung**. Ihr wird eine zentrale Bedeutung für den Aufbau und die Verteidigung von dauerhaften Wettbewerbsvorteilen beigemessen.

Während die strategische Portfolio-Planung das Ziel verfolgt, möglichst homogene strategische Geschäftsfelder (SGF)[3] wie z.B. relativer Marktanteil, Marktwachstum oder Positionierung zu definieren, bildet sie gleichzeitig die mittel- bis langfristige Vorgabe für die taktische Portfolio-Planung. Diese umfasst dann hauptsächlich die Planung von Neuanlagen, Objektverkäufe und bedeutende Bau- oder Vermietungsmaßnahmen im vorhandenen Immobilienbestand (vgl. Jenkis 2001: 908; Allendorf, Kurzrock 2007: 122).

Grundlage für Investitionsentscheidungen bei Bestandsportfolios ist die **Ist-Analyse** des vorhandenen Immobilienbestandes (vgl. Allendorf, Kurzrock 2007: 123). Sie verbessert den späteren Anlageerfolg bzw. hilft die Performance des Immobilienportfolios zu optimieren. In einem ersten Schritt sind unternehmensspezifisch die mit der Portfolio-Analyse verbundenen Ziele zu identifizieren. Neben dem Oberziel der Schaffung eines werthaltigen Immobilienbestandes wären weitere Ziele, wie z.B. Reduktion von Standorten, Verbesserung der Betreuung vor Ort oder Konzentration auf Kernstandorte zur Anpassung an die demografischen Trends, denkbar. Präzisiert werden diese Ziele mittels Expertenteams, die an den einzelnen Standorten eine Beurteilung des vorhandenen Bestandes sowie deren **Marktattraktivität und relativen Wettbewerbsvorteilen** vornehmen (vgl. Fuchs 2005: 86 f.).

Zur Verdeutlichung der Erläuterungen werden in den folgenden beiden Abbildungen auszugsweise immobilientypische Kriterien für die Umweltdimension Marktattraktivität und die Unternehmensdimension Wettbewerbsvorteil dargestellt. Beide Dimensionen beeinflussen die Investitionsentscheidungen sowohl für die Erhaltung bzw. Erneuerung des bereits bestehenden Immobilienportfolios als auch für die Erweiterung des Bestandes durch Neuerwerb bzw. Bauprojekte.

Die Dimension **Marktattraktivität**[4] beinhaltet dabei Kriterien, die im Wesentlichen nicht dem einzelnen Immobilieneigentümer unterliegen, wie beispielsweise regionale Entwicklung oder Kultur-, Freizeit- und Bildungsangebot.

---

[3] Immobilien einer gleichen Nutzungsart (vgl. Jenkis 2001: 85)

[4] s. in **Anhang 1** Kriterien der Marktattraktivität (vgl. Allendorf, Kurzrock 2007: 126)

Abbildung 5: Marktattraktivität von Immobilienportfolios (Quelle: Eigene Darstellung in Anlehnung an Mehlis 2006: 124)

Im Gegensatz zur Marktattraktivität werden in der Dimension **Wettbewerbsstärke**[5] die Bereiche beurteilt, die vom Immobilienunternehmen beeinflussbar sind (vgl. Allendorf, Kurzrock 2007: 126 f.). Hierzu ist es notwendig Wettbewerbsvorteile bzw. Nachteile zu erkennen und zu nutzen.

Abbildung 6: Wettbewerbsstärke am Beispiel von Mietwohnobjekten (Quelle: Eigene Darstellung)

---

[5] s. in **Anhang 2** Scoring-Modell Wettbewerbsstärke (vgl. Wellner 2003: 200 f.; Bone-Winkel et al. 2008: 810)

Den vorausgegangenen Schritten schließt sich eine Analyse zur Entwicklung eines Soll-Portfolios (SGF) und der damit korrespondierenden Festlegung der erforderlichen Maßnahmen an (vgl. Jenkis 2001: 86 f.).

1.5 Gewerbe- und Sonderimmobilienmärkte

Unter den Begriff Gewerbeimmobilien fallen Immobilien, die nicht zu Wohnzwecken, sondern zu erwerbswirtschaftlichen Zwecken genutzt werden. Zu diesem Bereich zählen Büroimmobilien, Handelsimmobilien, sowie Gewerbeparks und Logistikimmobilien. Diese untergliedern sich wiederum in Nutzungseinheiten, wie beispielsweise Büroräume oder Büroflächen, Arztpraxen, Einzelhandelsimmobilien, Ladenflächen, aber auch Lagerhallen und Parkhäuser (vgl. Walzel 2008: 120).

Der vorliegende Abschnitt beschränkt sich indes auf die Beschreibung und Entwicklung von Büro- und Sonderimmobilien. So kann im Rahmen dieser Veröffentlichung, ein Überblick über die zukünftige Entwicklung auf den Gewerbeimmobilienmärkten in Deutschland gegeben werden.

Ähnlich wie bei den bereits oben erläuterten Wohnimmobilien wirkt sich auch bei Gewerbeimmobilien eine demografisch veränderte Gesellschaft auf die Vermietbarkeit von Objekten aus. So ist zu erwarten, dass sich durch den kontinuierlichen Bevölkerungsrückgang die absolute Nachfrage in Deutschland nach Büro-, Gewerbe- und Produktionsflächen verringern wird. Das Älterwerden der Gesellschaft wird die Altersstrukturen in den Unternehmen verändern. Starke Abwanderungen von Bevölkerungsteilen aus strukturschwachen ländlichen Regionen zu Gunsten größer werdender urbaner Zentren werden eine Standortverschiebung der Gewerbewirtschaft nach sich ziehen.

Die gesellschaftlichen Veränderungen haben damit auch Auswirkungen auf die Entwicklung der **Büroimmobilienmärkte**. So wird erwartet, dass sich ab 2010 vermehrt eine alterszentrierte betriebliche Arbeitsstruktur entwickeln wird und der relative Anteil der Beschäftigten, welche im weitesten Sinne Wissensarbeit durchführen, bis zum Jahr 2020 auf ca. 65,4% ansteigen wird (vgl. IVD 2005). Die Konsequenz für die Immobilienwirtschaft werden bedarfsorientierte Büroarbeitsplätze (On-Demand-Büros) sein, die sich jederzeit an differenzierte Arbeitsmodelle, flexible Arbeitszeiten und technische Veränderungen anpassen können. Wurde in der Vergangenheit üblicherweise noch auf eine geplante langfristige Nutzung hin gebaut, müssen heute moderne Büroimmobilien – dies trifft üblicherweise auch für andere Gewerbeimmobilien zu - so geplant und errichtet werden, dass sie jederzeit einem anderen Verwendungszweck zugeführt werden können.

Die bereits oben definierten immobilientypischen Kriterien für die Dimension **Wettbewerbsstärke** (vgl. Abschnitt 1.4 Abb. 6) können fast ausnahmslos für Büro- bzw. Gewerbeimmobilien übernommen werden.

Für den Büroimmobilienmarkt sind hierbei speziell zwei Kriterien hervorzuheben:

- zum einen die **Ausstattungsqualität** und die damit verbundene Flexibilität der Immobilie aufgrund der sich rasant entwickelnden Kommunikationstechnologie und neuen Arbeitsformen,
- zum anderen der **Standort** der Büroimmobilie, deren wichtigste Kriterien die Erreichbarkeit (z.B. U-Bahn, PKW), das Image des Bürostandorts als Unternehmensstandort und die Parkplatzsituation sind (vgl. Kölly 2005: 3).

Erwähnenswert ist hierbei noch eine interdependente Beziehung zwischen Ausstattung und Standort. So befinden sich laut theoretischer Grundlage Büroimmobilien mit hochwertiger Ausstattung an sehr guten Standorten. Mit abnehmender Güte des Standortes sinkt auch die Ausstattung. Die Begründung hierfür ist, dass die hohen Kosten einer hochwertigen Ausstattung an einem schlechten Standort nicht über die Mieterträge refinanziert werden können (vgl. Kölly 2005: 3).

In Bezug auf die vom Immobilieneigentümer nicht oder nur wenig beeinflussbare Dimension der **Marktattraktivität** lassen sich auch hier die Kriterien fast ausnahmslos aus der bereits oben erstellten Abbildung übernehmen (vgl. Abschnitt 1.4 Abb. 5).

Unter anderem sind folgende spezielle Anhaltspunkte zu prüfen:

- die Entwicklung der **regionalen Bruttowertschöpfung** (Dies zeigt sich in einer starken Korrelation zwischen regionaler Wirtschaftsentwicklung und den Mietpreisen. So nimmt bei einer regional starken wirtschaftlichen Dynamik die Nachfrage nach Büroräumen zu. Zum einen verbleiben oder expandieren erfolgreiche Unternehmen am Standort, zum anderen lassen sich neue Unternehmen am Standort nieder.),
- die regionale **Zunahme der Beschäftigung im Dienstleistungssektor**,
- die **Zahl der Neugründungen** von Unternehmen (vgl. Morkramer et al. 2007: 30).

Eine Untergruppe der Gewerbeimmobilie ist die sogenannte **Sonderimmobilie** (Spezialimmobilie). Unter diesen Begriff fallen beispielsweise Hotels, Gastronomiebetriebe, Freizeitimmobilien, Flughäfen, Kraftwerke aber auch Sozialimmobilien wie Kliniken, Pflegeheime und Seniorenresidenzen.

Kennzeichnen für Sonderimmobilien sind ihre geringe Drittverwendungsfähigkeit, die sich aus den nutzungsspezifischen Anforderungen, welche bereits bei der Konzeption und Planung berücksichtigt werden müssen, ergibt. Untergruppen der Sonderimmobilien sind Verkehrs- und Infrastrukturimmobilien, Sozialimmobilien, Frequenzimmobilien sowie Betreiberimmobilien (vgl. Walzel 2008: 137).

Bei den sogenannten **Frequenzimmobilien** wie beispielsweise Flughäfen, Sportanlagen, Shopping Center ist insbesondere auf regionale Entwicklungen, Verkehrsanbindungen, Konkurrenzsituation und die sich schnell verändernden gesellschaftlichen Trends in Arbeit und Wirtschaft zu achten. Ein hohes Maß an Multifunktionalität der Immobilie garantiert eine Vielzahl von unterschiedlichen Nutzungen. Zu beachten ist auch, dass die Lebenszyklen dieser Immobilienarten immer kürzer und damit die Risiken immer größer werden (vgl. IVD 2005a).

Von einer **Betreiberimmobilie** wird dann gesprochen, wenn der Mieter der Fläche nur dann einen Nutzen aus der Immobilie ziehen kann, wenn er diese betreibt, er aber i.d.R. nicht über das Eigentum verfügt. Typische Betreiberimmobilien sind Einzelhandelsflächen, Hotels, Kliniken, Seniorenwohnheime. Der Betreiber mietet bzw. pachtet die Immobilie über einen längeren Zeitraum als Ganzes. Dabei dient das Gebäude als reiner Produktionsfaktor, da die eigentliche Leistungserbringung das Erzeugen von Zusatznutzen ist (vgl. Sotelo o.JG: 12 f.; Walzel 2008: 137). Deutlich wird dies am Beispiel von Seniorenimmobilien. Das Gebäude, welches an speziellen Nutzeransprüchen ausgerichtet ist, dient dabei als reiner Produktionsfaktor (Betriebsmittel), während die eigentliche Leistungserbringung die Pflegeleistungen des Mieters sind. Aufgrund der starken (Zielgruppen-) Fokussierung ist i.d.R. eine andere Nutzung aus wirtschaftlichen, baulichen, rechtlichen oder sonstigen Gründen bis zum voraussichtlichen Ende der Nutzungsdauer der Immobilie nur eingeschränkt oder gar nicht möglich. Somit ergibt sich für den Vermieter die Notwendigkeit, besonders bei Immobilien, die voraussichtlich nicht ihre gesamte Lebenszeit (vertraglich) an den Betreiber gebunden sind, bereits bei der Planung (beispielsweise durch flexible Grundrisse) eine Nutzung nach der Nutzung zu ermöglichen (vgl. Ernst 2008: 30).

Abschließend ist noch festzuhalten, dass das Mietausfallrisiko bei Gewerbeimmobilien und hier besonders bei den Spezialimmobilien ungleich höher ist als bei Wohnimmobilien. Dies resultiert aus einer Abhängigkeit des Risikos von der Preiselastizität der Nachfrage. So werden Wohnimmobilien konsumtiv genutzt, während beispielsweise Büroimmobilien, Hotels usw. produktiv genutzt werden. Die Unterscheidung zwischen konsumtivem und produktivem Nutzen ist deshalb bedeutsam, da die Konsumnachfrage i.d.R. einkommens- und preiselastisch ist, während die produktionsorientierte Nachfrage i.d.R. relativ preisunelastisch ist (vgl. Sotelo o.JG: 10 f.).

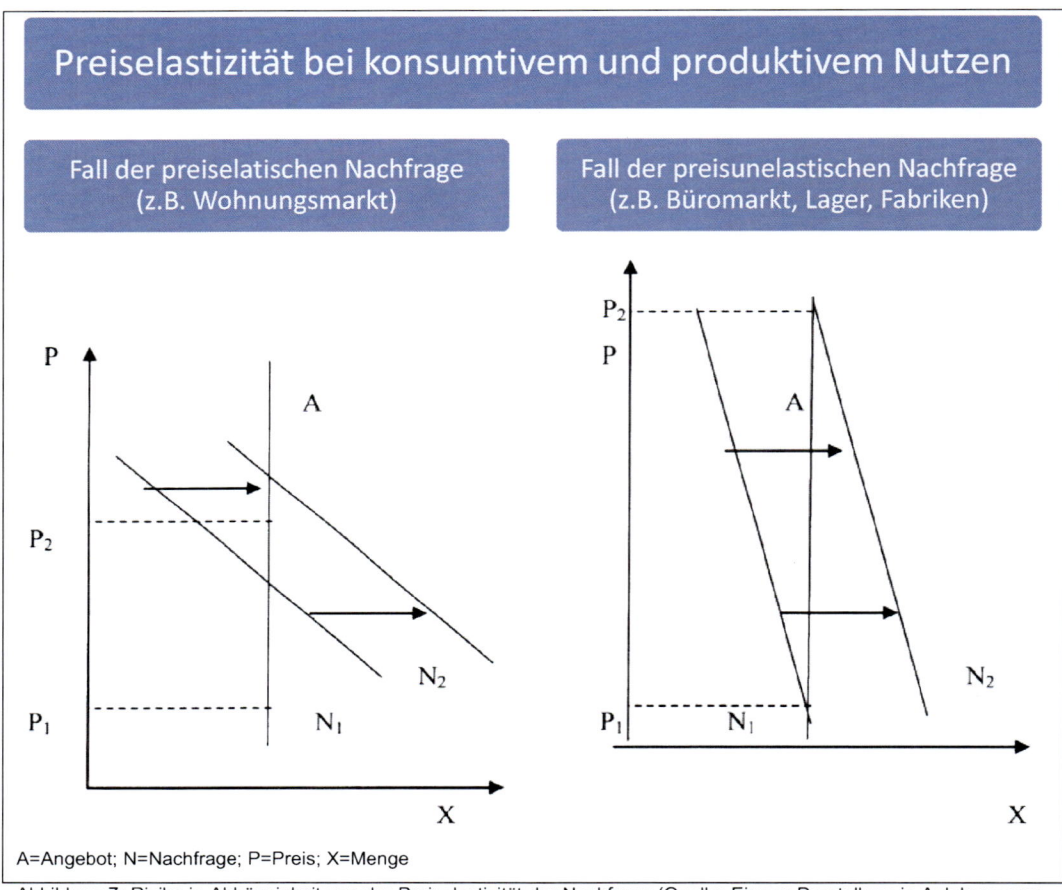

Abbildung 7: Risiko in Abhängigkeit von der Preiselastizität der Nachfrage (Quelle: Eigene Darstellung in Anlehnung an Sotelo o.JG: 11)

So werden beispielsweise Büroflächen vom Nutzer nur dann nachgefragt, wenn sie gebraucht werden, d.h. Mietpreissenkungen führen nicht automatisch zu einer Erhöhung der nachgefragten Fläche und umgekehrt. Diese relativ preisunelastische Nachfrage nach Büroflächen erklärt einerseits die hohen Preisschwankungen im Büroflächenmarkt als auch teilweise die Existenz von nachhaltigem Leerstand (vgl. Ertle 2003: 94 f.; Sotelo o.JG: 10 f.).

Das Risiko-Rendite-Profil der Spezialimmobilien unterscheidet sich nochmals deutlich von herkömmlichen Gewerbeimmobilien. Einerseits existieren langfristige Mietverträge bei hoher Preisunelastizität der Nachfrage, anderseits ist aufgrund der klaren Ausrichtung auf eine bestimmte Nutzung eine Umnutzung in jedem Fall mit hohen Kosten verbunden, die sich i.d.R. nicht rentieren werden (sog. Sunk Costs). Durch diese Aspekte haben Spezialimmobilien höhere Renditeperspektiven bei simultan höheren Risiken (vgl. Bienert 2005: 12).

Die vorrangegangen Ausführungen verdeutlichen, dass sich der demografische Wandel nicht nur auf die Systeme der sozialen Sicherungen bezieht, sondern ein Strukturwandel in allen Lebensbereichen - auch in der Immobilienwirtschaft - stattfindet. Um sich diesen Veränderungen erfolgreich stellen zu können, rückt das Hauptaugenmerk der Branche auf die Implementierung eines markttauglichen Portfoliomanagements, bei dem die Kundenorientierung im Mittelpunkt steht. Um also Erfolg zu haben, ist es notwendig, sich auf die Bereiche zu konzentrieren, die entscheidend für die zukünftige Wettbewerbsfähigkeit sind. Damit unmittelbar verbunden sind Investitionsentscheidungen und deren Finanzierung, mit denen sich die folgenden Kapitel beschäftigen.

2 Grundlagen der Immobilienfinanzierung

Zumeist sind leistungs- und finanzwirtschaftliche Prozesse dadurch miteinander verbunden, dass durch leistungswirtschaftlich induzierte Vorgänge, z.B. Kauf und Bewirtschaftung einer Immobilie, Verkauf von Immobilien etc., Zahlungsströme ausgelöst werden. Dies bedeutet aber nicht, dass die Prozesse zeitlich kongruent oder kurzfristig aufeinanderfolgend ablaufen müssen. Es sind vielmehr erhebliche Zeitsprünge denkbar, die durch Finanzierung überbrückt werden müssen.

2.1 Systematisierung der Immobilienfinanzierung

Ohne Umwandlung von Geldmitteln in wirtschaftliche Güter kann keine betriebliche Leistungserstellung erfolgen (vgl. Korndörfer 2003: 279). Entsprechend versteht man unter dem Begriff Investition die **Verwendung finanzieller Mittel**. Demgegenüber wird die **Bereitstellung finanzieller Mittel** als Finanzierung bezeichnet (vgl. Wöhe 2002: 599 f.).

Dabei muss gelten:

> Investitionsvolumen = Finanzierungsvolumen

> Finanzierungsvolumen = Eigenfinanzierungsvolumen + Fremdfinanzierungsvolumen

Aufgrund der Kapitalintensität von Immobilieninvestitionen, verbunden mit langen Herstellungs- und Vermarktungsprozessen, reicht das Eigenkapital eines Investors i.d.R. nicht zur Finanzierung aus (vgl. Hellerforth 2007: 114 f.). Doch selbst wenn Eigenkapital in hinreichender Menge zur Verfügung steht, können weitere Gründe wie beispielsweise eine steuerliche Bevorzugung von Fremdkapital oder eine Gesamtkapitalrentabilität, die höher ist als der Fremdkapitalzins, für eine Fremdfinanzierung sprechen (vgl. Iblher 2008: 533).

Als Fremdfinanzierung bezeichnet man alle Finanzierungsmaßnahmen, die der Beschaffung von Fremdkapital dienen und dem Unternehmen zeitlich befristet zur Verfügung stehen (vgl. Hellerforth 2007: 119).

Da der Eigenfinanzierungsanteil am Gesamtfinanzierungsvolumen durch das verfügbare Eigenkapital limitiert ist, muss gelten:

> Fremdfinanzierungsvolumen = Gesamtfinanzierungsvolumen - Eigenfinanzierungsvolumen

Aufgrund unterschiedlicher Anbietergruppen und mannigfaltiger Ausgestaltungsmöglichkeiten haben sich unterschiedliche Arten der Fremdfinanzierung entwickelt. Dabei erfolgt häufig die Unterscheidung zwischen dem Bereich der „Klassischen Finanzierung" und „Innovativen Finanzierung". Ausgehend vom Gewerbeimmobilien-Sektor haben in der jüngeren Vergangenheit innovative Finanzierungsinstrumente zunehmend an Bedeutung gewonnen.

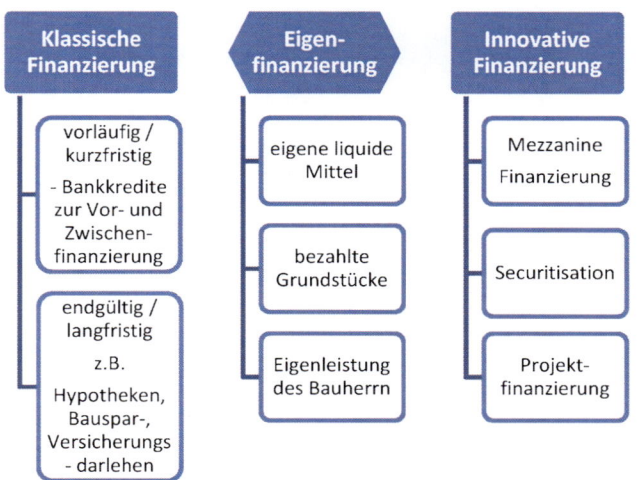

Abbildung 8: Instrumente zur Finanzierung von Immobilien (Quelle: Eigene Darstellung in Anlehnung an Hellerforth 2008: 57; Iblher 2008: 533)

Für die hier betrachtete langfristige immobilientypische Finanzierung sind vor allem Realkredite, öffentliche Darlehen und kapitalmarktorientierte Finanzprodukte bedeutsam.

2.2 Maßgebliche Finanzintermediäre für Immobilienfinanzierungen

Kreditinstitute nehmen volkswirtschaftlich eine zentrale Stellung ein. Zum einen sind sie eine Sammelstelle für Ersparnisse (**originäre Geldgeber**), zum anderen Kreditgeber (**Intermediär**) für Wirtschaftssubjekte (**originäre Geldnehmer**) (vgl. Bitz, Stark 2008: 1).

Während in der Vergangenheit grundpfandrechtlich gesicherte Bankdarlehen im erstrangigen und nachrangigen Finanzierungsraum die traditionelle Finanzierungsquelle für Immobilien in Deutschland bildeten, wendet sich in der jüngeren Vergangenheit die Immobilienfinanzierung vermehrt von der klassischen Kapitalbeschaffung ab und orientiert sich hin zur Kapitalmarktfinanzierung. Ursächlich dafür sind ökonomische und bankenaufsichtliche Veränderungen, bei denen nicht mehr die volumengetriebenen Geschäfte, sondern die risiko- und eigenkapitalorientierten Transaktionen mit der Eigenkapitalverzinsung als zentrale Steuerungsgröße im Mittelpunkt stehen. Aufgrund dieser Entwicklung sind Banken nicht mehr lediglich klassische Intermediäre zwischen

Kapitalmarkt und Kreditnehmer, sondern vermehrt provisionsorientierte Arrangeure von Kapitalmarkttransaktionen (vgl. Schäfers 2008: 90).

2.2.1 Immobilienfinanzierung in Deutschland

Für die Banken ist die Immobilienfinanzierung eines der wichtigsten Geschäftsfelder überhaupt. Deutlich wird dies insbesondere bei Betrachtung der Bankenstatistik (Stand Dez. 2008), die im Februar 2009 von der deutschen Bundesbank veröffentlicht wurde. Hierin wird ein Volumen an Wohnbaudarlehen von etwa 1,1 Bio. € sowie ein Kreditvolumen für gewerblich genutzte Immobilien in Höhe von 0,3 Bio. € ausgewiesen. Dies entspricht mehr als der Hälfte des gesamten inländischen Kreditvolumens von 2,4 Bio. € (ohne Kredite der öffentlichen Hand) (vgl. Deutsche Bundesbank 2009; Schäfers 2008: 95).

Dieser Markt für Finanzierungen wurde bis in die jüngste Vergangenheit stark von deutschen Anbietern dominiert und geprägt. Die aktuellen Veränderungen des Finanzmarktes zeigen jedoch, dass sich in Deutschland die Rolle der Banken in der Immobilienfinanzierung gewandelt hat. Einerseits geht diese Änderung mit einem Paradigmenwechsel von der klassischen Kreditfinanzierung zur Kapitalmarktfinanzierung einher, andererseits ist der Markt für Wohn- und Gewerbeimmobilienfinanzierung durch Zusammenschlüsse von Banken geprägt. Letzteres resultiert wiederum aus der Nachfrage internationaler Investoren und Ratingagenturen nach global platzierten Pfandbriefen, strukturierten Finanzierungen sowie alternativen Finanzierungsinstrumenten (vgl. Schäfers 2008: 90; Iblher 2008: 545). Wie sich letztendlich die globale Finanzkrise von 2008 auf den nationalen und internationalen Bankensektor auswirken wird, bleibt abzuwarten.

2.2.2 Anbieter von Immobilienfinanzierungen

Der im Folgenden dargestellte Überblick über die Finanzierungsanbieter soll zeigen, wie es dem Immobilieninvestor ermöglicht werden kann, aus dem Markt für Immobilienfinanzierung den richtigen Partner auszuwählen.

Auf dem deutschen Markt werden unterschiedliche Produkte zur Immobilienfinanzierung von verschiedenen Finanzdienstleistern angeboten. Zu differenzieren ist hierbei grundsätzlich zwischen Universalanbietern, die ein breites Spektrum der allgemein nachgefragten Bankleistungen anbieten und/oder nebeneinander verschiedene Arten von Immobilien finanzieren sowie den Spezialanbietern, die sich oftmals nur auf eine einzige Geschäftsart spezialisieren und/oder sich auf die Finanzierung eines Immobilientyps beschränken (vgl. Bitz, Stark 2008: 22; Iblher 2008: 544).

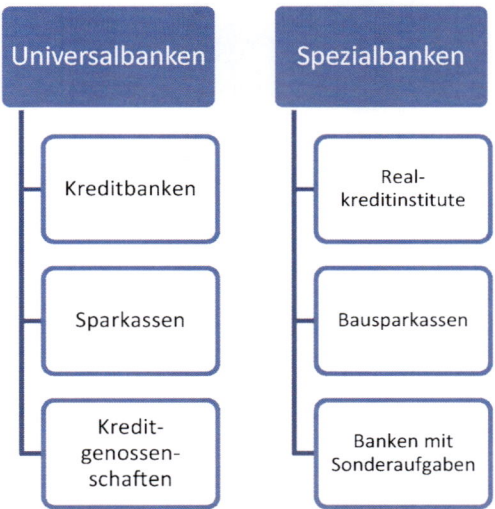

Abbildung 9: Struktur des Geschäftsbankensystems in Deutschland (Quelle: Eigene Darstellung in Anlehnung an Bitz, Stark 2008: 1)

Die deutsche Bundesbank unterteilt die Gruppe der **Kreditbanken** in Großbanken (z.B. Deutsche Bank und Commerzbank), Regionalbanken, Privatbankiers sowie Zweigstellen ausländischer Banken (vgl. Deutsche Bundesbank 2009a). Sie werden als Unternehmen in privatwirtschaftlicher Form geführt. Aufgrund ihrer umfangreichen Möglichkeiten der Refinanzierung bieten die Kreditbanken Hypothekendarlehen mit unterschiedlichsten Zinskonditionen an. Neben der Werthaltigkeit des Objektes spielen für die Kreditvergabe auch die persönlichen finanziellen Verhältnisse des Darlehensnehmers eine Rolle, so dass sich die Grenzen zwischen erstrangiger und nachrangiger Finanzierung verwischen (vgl. Jokl 1998: 81 f.). In der jüngeren Vergangenheit sind neben ausländischen Banken wie z.B. der Citigroup, der Wachovia Corporation oder der Mizuho Financial auch deutsche Großbanken zunehmend in der innovativen Immobilienfinanzierung auf deutschen Kreditmärkten tätig. Die Geschäfte werden dabei nicht selten über ausländische Töchter bzw. Zweigstellen abgewickelt. So werden beispielsweise alternative Finanzierungsangebote, wie z.B. Securitisations, von der Deutschen Bank in London für deutsche Immobilienunternehmen angeboten.

Als gemeinnützige Kreditinstitute haben **Sparkassen** den öffentlichen Auftrag, die Kreditversorgung der Bevölkerung sowie die sichere Geldanlage in ihrem Geschäftsgebiet sicherzustellen. Im Übrigen sollen die Sparkassen den Kreditbedarf der regionalen Wirtschaft befriedigen. Der Sparkassenbereich ist dreistufig organisiert. Die kommunalen Sparkassen bilden die unterste Stufe, in der nächst höheren operieren die Landesbanken und Girozentralen, auf der dritten Ebene ist die DEKA-Bank angesiedelt. Während sich die beiden oberen Ebenen durch die Ausgabe von Kommunalobligationen und Pfandbriefen refinanzieren können, haben die Sparkassen der untersten Ebene dieses Recht nicht. Sie müssen sich auf Bankschuldverschreibungen in Form von Sparkassenbriefen und Sparkassenobligationen als Mittel der Kapitalbeschaffung beschränken. Diese mit einer Laufzeit von 4 bis 10 Jahren versehen Papiere gelten allerdings als nahezu gleichwertig zu Kommunalobligationen und Pfandbriefen und geben den Sparkassen somit ein mächtiges Instrument der Refinanzierung an die Hand. Somit sind Sparkassen in der Lage, Hypothekendarlehen mit einer Laufzeit von bis zu zehn Jahren zu vergeben, was wiederum ihre starke Stellung in der Gewerbeimmobilien- und Wohnbaufinanzierung erklärt. Im spezifischen Feld der innovativen Finanzierung agieren wegen der meist großen Volumina hauptsächlich die Landesbanken (vgl. Jokl 1998: 79 f.; Iblher 2008: 546 f.).

Mit dem größten Bankenstellennetz in Deutschland versuchen die **Kreditgenossenschaften** größtmögliche räumliche Kundennähe zu schaffen. Im Rahmen des Genossenschaftsverbundes, dem auch Hypothekenbanken und Bausparkassen angehören, bieten sie umfangreiche wohnungsorientierte Finanzierungsmöglichkeiten. Ähnlich wie bei den Sparkassen stellen Kreditgenossenschaften bei der Gewerbeimmobilienfinanzierung eine bedeutende Finanzierungsquelle für mittelständische Unternehmen dar (vgl. Iblher 2008: 547).

Hypothekenbanken, die sich auf langfristige, grundpfandrechtlich gesicherte Finanzierungen (Immobilienfinanzierung) spezialisiert haben, sowie öffentlich-rechtliche Grundkreditanstalten werden auch **Realkreditinstitute** genannt. Sie unterliegen dem seit über 100 Jahren bestehenden Hypothekenbankgesetz (ab 2005 Pfandbriefgesetz) und refinanzieren sich über den Kapitalmarkt durch Emission (Verkauf) von Pfandbriefen (vgl. Grill et al. 2004: 53). Seit 2005 steht diese Möglichkeit der Refinanzierung allen Kreditinstituten zur Verfügung, sofern sie bestimmte Voraussetzungen des Pfandbriefgesetzes erfüllen (vgl. Bitz, Stark 2008: 1). Der Pfandbrief ist als Anlageprodukt eine deutsche Sonderform. Im Unterschied zu vergleichbaren ausländischen Produkten gelten in Deutschland sehr strenge Rahmenbedingungen. Selbst wenn eine Pfandbrief-Bank Insolvenz anmelden muss, behalten im Gegensatz zu anderen Finanzprodukten (z.B. Aktien) die Anleger den Zugriff auf die hinter dem Brief stehenden Sicherheiten (z.B. Immobilien oder Bürgschaften des Staates).

Kreditinstitute mit Sonderaufgaben erfüllen spezielle, meist historisch bedingte Funktionen, die von anderen Instituten nicht hinlänglich erfüllt werden (können) (vgl. Bitz, Stark 2008: 1). Für die Immobilienbranche ist insbesondere die Kreditanstalt für

Wiederaufbau (KFW) relevant. So gewährt aktuell die KFW beispielsweise zinsgünstige Darlehen für die Schaffung von barrierefreiem Wohnraum (IBB: 2009). Diese Kredite kann der Darlehensnehmer in der Regel über seine Hausbank (Hausbankprinzip) beantragen. Die angebotenen Förderprogramme ändern sich ständig und sollten regelmäßig vor Beginn eines Investitionsprogrammes (z.B. über KFW.de oder die Hausbank) in Erfahrung gebracht werden.

2.3 Traditionelle Immobilienfinanzierung

Unter der klassischen (traditionellen) Immobilienfinanzierung wird in der Regel die grundpfandrechtlich erstrangige Hypothek und das nachrangig gesicherte Darlehen verstanden. Dieses Finanzierungsmodell stellt auch heute noch die am häufigsten angewandte Finanzierungsmethode in Deutschland dar.

Der nachhaltige Wert der Immobilie steht dabei im Mittelpunkt. Als Sicherheit dient also das Grundstück mit seinen Aufbauten unter der Annahme, dass ein entsprechender Preis im Falle einer Verwertung erzielt werden kann. Für die Beleihungsgrenze gilt im Allgemeinen ein Wert von 60% der Investitionskosten. Kredite bis zu 60% des Beleihungswertes gelten als Realkredite (s. Abschnitt 2.2.2 Realkreditinstitute). Da allerdings die großen Banken in ihrem Konzernverbund mehrere Bankenarten (Hypothekenbank, Geschäftsbank etc.) vereint haben, kann die Beleihungsgrenze üblicherweise auf 80% des Verkehrswertes erhöht werden (vgl. Dietrich 2005: 227 f.).

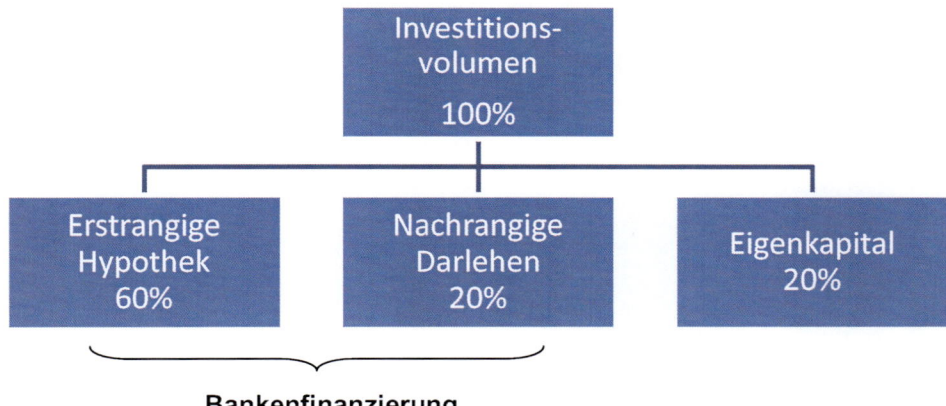

Abbildung 10: Klassisches Modell der Kreditsicherung (Quelle: Eigene Darstellung in Anlehnung an Dietrich 2005: 228)

Nachrangige Darlehen müssen allerdings sehr häufig zumindest zum Teil noch in einer Art besichert werden, die in keinem direkten Zusammenhang mit dem zu finanzierenden Objekt steht. Hier kommen insbesondere Bürgschaften, Garantien, Patronatserklärungen und Negativklauseln in Frage.

Nach Feststellung der Finanzierungsfähigkeit wird die Belastung für den Kreditnehmer vereinbart. Diese setzt sich aus den Bestandteilen **Zins** (z.B. fest oder variabel), **Tilgung** (z.B. Annuität oder endfällig), **Belastung** (z.B. monatlich oder vierteljährlich) und **Steuer** (z.B. verminderte steuerliche Abzugsfähigkeit von Zinsen) zusammen. Ergeben sich daraus zu hohe Beanspruchungen für den Kreditnehmer, so ist die wirtschaftliche Existenz des Objektes oder gar des Kreditnehmers gefährdet (vgl. Iblher 2008: 534).

Eine wichtige Rolle spielt der Zins- und Tilgungsplan. Die Größe des Projektes und damit das Finanzierungsvolumen wird maßgeblich durch das momentane und zukünftige Zinsniveau beeinflusst. In einer Niedrigzinsphase wird der Investor versuchen, die Zinsbindungsdauer so lang wie möglich festzuschreiben (i.d.R. 10 Jahre oder länger), während in Hochzinszeiten der Kreditnehmer sich für variable Zinssätze entscheiden wird. Die Zinsbindungsdauer darf nicht mit der Kreditlaufzeit verwechselt werden, diese liegt üblicherweise bei einer Immobilienfinanzierung zwischen 10 und 30 Jahren. Diese Langfristigkeit der Finanzierung kommt sowohl dem Darlehensgeber als auch dem Darlehensnehmer entgegen. Während die Banken an einem möglichst dauerhaften Darlehensstock interessiert sind, um langfristige Erträge zu generieren, ist der Investor an einer Darlehensfinanzierung bis zur vollständigen Tilgung interessiert, da sich so das Prolongationsrisiko vermeiden lässt (vgl. Francke 1993: 425).

2.4 Sachenrechtliche Grundlagen der Finanzierung

Um die Wesensart eines Realkredites nachvollziehen zu können, müssen auch die damit unmittelbar verbundenen **Grundpfandrechte** bekannt sein. Diese sind nicht nur innerhalb der traditionellen Realkredite als immobilientypische Sicherung unzertrennlich miteinander verknüpft, sondern dienen im selben Maße bei innovativen Finanzierungsarten wie beispielsweise den Mortgage Backed Secureties als Sicherheit. Zu den Grundpfandrechten zählen im Rahmen dieses Kontextes:

- die Hypothek (vgl. BGB 2009: §§ 1113 f.)
- die Grundschuld (vgl. BGB 2009: §§ 1191 f.)

Grundpfandrechte dienen als Sicherheit für Kredite und zählen zu den dinglichen Verwertungsrechten. Sie ermöglichen es dem Gläubiger bestimmte Geldschulden notfalls im Wege der Zwangsversteigerung (vgl. BGB 2009: § 1147) durchzusetzen (vgl. Hellerforth 2007: 123). In den Gestaltungsformen Hypothek und Grundschuld wird dem Darlehensgeber als Sicherungsnehmer ein Verwertungsrecht an den Grundstücken des Darlehensnehmers eingeräumt (vgl. Wilhelm 2007: 556 f.).

Grundpfandrechte werden vom Notar ranggerecht in das **Grundbuch** eingetragen. Die hierfür nach Gebührenordnung festgelegten Kosten von ca. 0,4 % der Darlehenssumme sind nicht verhandelbar. Das Grundbuch ist ein amtliches öffentliches Verzeichnis und genießt öffentlichen Glauben, d.h. eingetragene Rechte und Lasten gelten als bestehend, somit kann sich grundsätzlich jeder auf die Eintragung im Grundbuch verlassen (vgl. Wieling 2007: 299).

Bei der **Hypothek** handelt es sich um ein Grundpfandrecht, das unmittelbar vom Bestand einer Forderung abhängt, ein sogenanntes akzessorisches Recht. In der Praxis eignet sich die Hypothek insbesondere zur Sicherung von Darlehen, welche regelmäßig zurückgeführt werden (vgl. Wilhelm 2007: 566 f.). Dies bedeutet zum Beispiel, dass der Grundstückseigentümer zur Sicherung eines Darlehens in Höhe von 100.000 € eine Hypothek bestellt. Im Laufe der Zeit hat er 80.000 € an das Kreditinstitut zurückbezahlt. Die Restforderung entspricht hier der Resthypothek von 20.000 €.

Im Gegensatz zur Hypothek ist nach dem deutschen Sachenrecht eine **Grundschuld** das dingliche Recht, aus einem Grundstück oder grundstücksgleichen Recht die Zahlung eines bestimmten Geldbetrages zu fordern. Die Grundschuld ist somit nicht vom Bestand einer Forderung abhängig und folglich kein akzessorisches, sondern ein abstraktes Sicherungsrecht (vgl. Wilhelm 2007: 577 f.). In Anlehnung an o.g. Beispiel bedeutet dies, dass bei entsprechender Tilgung der dingliche Anspruch aus der Grundschuld bedingt durch ihre Abstraktheit weiterhin 100.000 € beträgt. Dies macht die Grundschuld zu einem wesentlich flexibleren Sicherungsinstrument als die Hypothek. Die Grundschuld kann mehrere Forderungen sichern oder es können Forderungen ausgetauscht werden. Das macht sie bei den Kreditinstituten zur bevorzugten Art der Sicherung, da Einwendungen aus dem Grundgeschäft nicht erhoben werden können. Um dennoch zum Schutz des Gläubigers eine Beziehung zwischen Forderung und Sicherung herzustellen, bedient man sich der so genannten **Sicherungszweckerklärung**. Dieser Sicherungsvertrag kann laufend geändert werden und passt sich somit den jeweiligen Notwendigkeiten an (vgl. Iblher 2008: 544).

2.5 Strukturierte (innovative) Immobilienfinanzierung

Der Markt für Immobilienfinanzierung hat sich deutlich verändert. Härter werdender Wettbewerb auf der Angebotsseite (Bankenfusionen), mangelnde Refinanzierungsmöglichkeiten der Kreditinstitute[6] sowie die bankenaufsichtliche Regulierung durch die „Neue Baseler Eigenkapitalvereinbarung" (Basel II) haben zu erheblichen Konsequenzen insbesondere bei der Finanzierung großer Immobilienprojekte geführt. So wurden Banken verpflichtet, gewichtete Risikoaktiva (Forderungen an Bankkunden bzw. Kredite) mit 8% Eigenkapital der Bank zu unterlegen. Auf der Gesamtbankebene müssen Kreditinstitute Ausleihungen auf das 12,5 fache des ihnen zur Verfügung stehenden Eigenkapitals beschränken (vgl. Pitschke 2008: 550). Eine Reaktion der Banken ist es, die Kredite nicht mehr über die gesamte Laufzeit zu halten, sondern über sogenannte Sekundärmärkte die Risiken („buy and sell") zu verkaufen und zur besseren Verteilung des eigenen Portfolios andere Kreditrisiken hinzuzukaufen (vgl. Hellerforth 2008: 114). Hierdurch konnten und können Banken ihren Kunden neue Finanzierungslösungen anbieten ohne ihre eigene Bilanz zu belasten.

Folgende Abbildung zeigt die Entwicklung vom traditionellen Kreditgeschäft hin zur Ausgliederung der Bankenrisiken über den Kapitalmarkt (Sekundärmarkt).

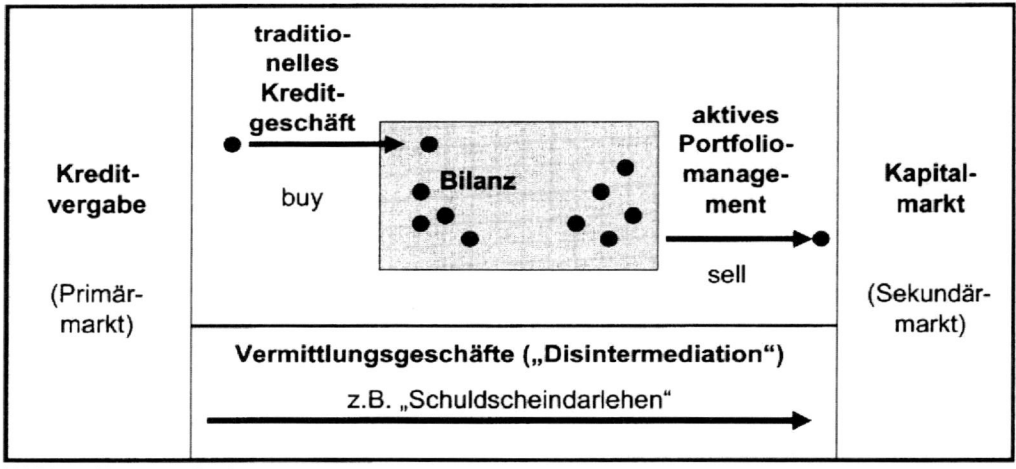

Abbildung 11: Aktives Portfoliomanagement und traditionelles Kreditgeschäft (Quelle: Hellerforth 2008: 114)

Welche Erkenntnis lässt sich daraus gewinnen? Zunächst halten Banken Kredite nicht mehr bis zur Endfälligkeit in ihrem Bestand. Sie verteilen vielmehr das Risiko eines Zahlungsausfalls seitens des Schuldners auch auf andere Kapitalanleger. Die Banken

---

[6] Für Banken haben sich seit den 90er Jahren die Refinanzierungsmöglichkeiten stark verschlechtert, da Privatanleger ihre Spareinlagen verstärkt in Aktienanlagen umschichten (vgl. Hellerforth 2008: 115).

wandeln sich somit vom Risikohalter zum Risikomanager (vgl. Hellerforth 2008: 114). Der Schuldner hat nun die Aufgabe, sich über eine dynamische Ertragswertorientierung als attraktiver Kunde zu präsentieren. Insbesondere für Unternehmen mit geringer Eigenkapitalausstattung entsteht mit der Einführung von Basel II eine Finanzierungslücke, die durch die Nutzung alternativer Finanzierungsinstrumente geschlossen werden kann. Indes verwenden auch viele eigenkapitalstarke Immobilienunternehmen für gute Projekte eine veränderte Methodik der Finanzierung (vgl. Mayrzedt et al. 2007: V). Dieser beschriebene Wandel der Finanzierung setzt bereits an dem Grundgedanken der Investitionsstrategie an. So werden Immobilien mittlerweile als Wert- und Produktionsfaktor betrachtet, bei dem die Rendite primär entscheidend ist und nicht, wie früher, eine steuerlich motivierte Sachverhaltsgestaltung. Diese veränderte Sichtweise tangiert Kreditnehmer, Bewerter und Banken gleichermaßen (vgl. Lauer 2008: 15). Um diesen neuen Erfordernissen der beteiligten Akteure gerecht zu werden, müssen die Immobilienrenditen mit anderen Investments ähnlicher Risikostrukturen verglichen werden. Hierfür legt der Investor seiner Entscheidung den geplanten **Cash-flow** zugrunde.

Aufbauend auf die bereits gewonnenen Erkenntnisse stellt das nachfolgende Kapitel das innovative Finanzierungsinstrument der Securitisation vor, welchem in der Immobilienwirtschaft eine immer größer werdende Bedeutung zukommt.

3 Die Verbriefung im Bereich der deutschen Immobilienwirtschaft

Zu den **innovativen Immobilienfinanzierungsformen**, mit denen sich die einschlägige Literatur beschäftigt und die in der deutschen Finanzierungslandschaft mittlerweile eine gewisse Verbreitung erlangt haben, zählen insbesondere die Mezzanine-Finanzierung, das Real Estate Private Equity, das Immobilienleasing, die Real Estate Investment Trusts sowie die Real Estate Securitisation. Daneben existieren eine Reihe neuer und wiederentdeckter Finanzierungsinstrumente wie beispielsweise die Debt-Equity Swaps, die immobilienindexierten Genussscheine, die Total Return Swaps oder die Finanzierungsmöglichkeit mittels einer Immobilien-AG. Alle diese Finanzierungsinstrumente zeigen, dass die Kreditmärkte und die Kapitalmärkte enger zusammenwirken als dies noch in einer Zeit der gänzlich traditionellen Fremdfinanzierung üblich war.

Im Rahmen dieser Veröffentlichung ist es nicht möglich, umfänglich auf alle Finanzierungsinstrumente einzugehen. Deshalb soll hier lediglich ein Baustein des Real Estate Investment Banking nämlich die **Securitisation** (Verbriefung) betrachtet werden.

3.1 Handhabung und Grundbegriffe

Im Folgenden werden die Grundlagen und die Abläufe einer Asset Securitisation erläutert sowie die Beteiligten eingeführt.

3.1.1 Real Estate Investment Banking

> Definition:
> Der Begriff **Real Estate Investment Banking** setzt sich aus den beiden Elementen **Real Estate**[7] Geschäft in Deutschland und **Investment Banking**[8] mit internationaler Ausrichtung zusammen. Es handelt sich um die Zusammenführung des relativ illiquiden Immobilienmarktes mit dem liquiden Kapitalmarkt mittels Emission und Platzierung von Wertpapieren sowie deren Handel am Sekundärmarkt[9] (vgl. Gondring et al. 2003: 95 f.; Hellerforth 2008: 115).

---

[7] **Real Estate**: (aus dem englischen): unbewegliches Vermögen, Immobilien, Grundbesitz, Liegenschaften, Grundstücks- und Wohnungswirtschaft (real property) (vgl. Langenscheidt, Routledge 2007).

[8] **Investment Banking**: „… ist die Gesamtheit aller Leistungen, die der Übertragung monetärer Dispositionsmöglichkeiten dienen, soweit diese mittels **Wertpapiertransaktionen** erbracht werden." (Hockmann, Thießen 2007: 3).

[9] Vergleiche hierzu Abbildung 11 in Kap. 2.5 „Strukturierte (innovative) Immobilienfinanzierung".

Inzwischen stellt sich bei Immobilieninvestitionen immer seltener die Frage, wie und zu welchen Konditionen finanziert werden soll, sondern ob überhaupt finanziert wird. Durch das Real Estate Investment Banking wird jedoch die Finanzierung von Immobilieninvestitionen aufgrund einer sich fundamental geänderten Finanzierungslandschaft erst wieder möglich gemacht (vgl. Gondring et al. 2003: 77).

Was führt nun zum Mehrwert des Real Estate Investment Banking für die Immobilienbranche? Zunächst einmal haben sich, wie bereits beschrieben, die Rahmenbedingungen für die traditionelle Immobilienfinanzierung fundamental geändert. Aufgrund der restriktiven Regelungen zur Eigenkapitalunterlegung von Kreditrisiken für Banken (Basel II), immenser Wertberichtigungen bei den Kreditportfolios[10] sowie einem starken Wettbewerbsdruck innerhalb der Kreditbranche sind viele Banken nicht mehr in der Lage bzw. nicht mehr dazu bereit, Kredite in der klassischen Weise auszureichen.

Des Weiteren hat sich auch der Markt auf der Nachfragerseite entscheidend gewandelt. So werden viele Immobilieninvestments nicht mehr nach einer Buy-and-hold-Strategie bis zum Abbruch im Bestand gehalten (vgl. Bienert 2005: 34). Vielmehr rücken unternehmerische Zielsysteme wie Renditestreben und Unternehmenswertsteigerungen in den Vordergrund der Investitionsentscheidung, die entsprechend internationaler Immobilienmärkte einer Buy-and-sell-Strategie gleichen (vgl. Gondring et al. 2003: 12).

Folgende Abbildung soll tabellarisch die Situation der Immobilienfinanzierung aufzeigen und damit trotz der immensen Kritik im Rahmen der aktuellen „Finanzkrise" die Daseinsberechtigung des Real Estate Investment Bankings untermauern:

---

[10] Bereits im Jahr 2004, also lang vor dem tatsächlichen Ausbruch der aktuellen Finanzkrise, verkaufte die Hypo Real Estate Bank sogenannte gefährdete Immobilienkredite (Problemkredite) in Höhe von 3,6 Mrd. Euro an die US-Investmentfirma Lone-Star, um ihre Bilanz zu entlasten. Der Markt für notleidende Kredite wurde schon damals auf 200 Mrd. bis 300 Mrd. Euro geschätzt (vgl. Handelsblatt.com 2004).

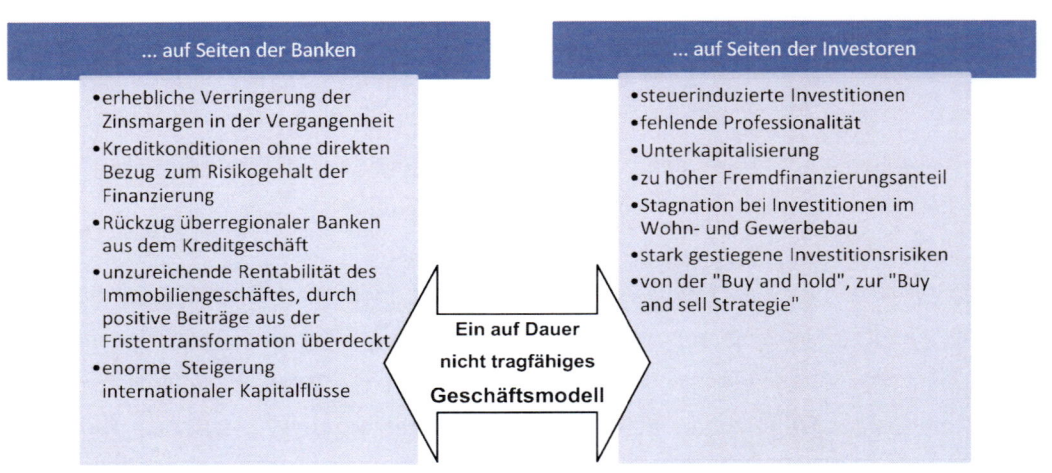

... auf Seiten der Banken	... auf Seiten der Investoren
• erhebliche Verringerung der Zinsmargen in der Vergangenheit • Kreditkonditionen ohne direkten Bezug zum Risikogehalt der Finanzierung • Rückzug überregionaler Banken aus dem Kreditgeschäft • unzureichende Rentabilität des Immobiliengeschäftes, durch positive Beiträge aus der Fristentransformation überdeckt • enorme Steigerung internationaler Kapitalflüsse	• steuerinduzierte Investitionen • fehlende Professionalität • Unterkapitalisierung • zu hoher Fremdfinanzierungsanteil • Stagnation bei Investitionen im Wohn- und Gewerbebau • stark gestiegene Investitionsrisiken • von der "Buy and hold", zur "Buy and sell Strategie"

⇒ Ein auf Dauer nicht tragfähiges Geschäftsmodell ⇐

Abbildung 12: Der Immobilienfinanzmarkt im Wandel (Quelle: Eigene Darstellung in Anlehnung an Bienert 2005: 31; Gondring et al. 2003: 5 f.)

Vor diesem Hintergrund wird die wachsende Bedeutung der Investment-Banking-Instrumente bzw. der innovativen Finanzierungsformen, die die Rendite-Risiko-Relation neu definieren und somit die Bewerkstelligung mancher Investition überhaupt erst ermöglichen, deutlich (vgl. Gondring et al. 2003: 53).

3.1.2 Asset Backed Securities

Unter **Asset Backed Securities (ABS)** versteht man durch Vermögen (Assets) gedeckte (Backed) Wertpapiere (Securities) (vgl. Schmittat 2007: 13 f.). Überdenkt man diese Definition, erinnert sie stark an Pfandbriefe. Im Wesentlichen liegen die Unterschiede darin, dass der Pfandbrief bis zu 60 % des Beleihungswertes abdeckt, während ein ABS den vollen Marktwert abdecken kann. Des Weiteren sind Pfandbriefe durch Forderungen besichert, die sich aufgrund gesetzlicher Regelungen als Sicherungsvermögen (Deckungsstöcke) eignen. Die Forderung und somit das Kreditrisiko verbleibt in der Bilanz des Pfandbriefemittenten, d.h. der entsprechenden Bank. Beim ABS wird das Kreditrisiko, d.h. die Darlehensforderung, an eine sogenannte Zweckgesellschaft, die das grundlegende Element bei ABS ist, verkauft (vgl. Schmeisser et al. 2008: 15). Daraus ergibt sich für die Bank folgende Situation: Die im Fremdkapital gebundenen Forderungen werden nicht mehr in der Bankbilanz ausgewiesen (Verkürzung der Bilanz), die Eigenkapitalquote steigt und damit auch die Kreditvergabemöglichkeiten des Kreditinstitutes.

Ausgangspunkt der ABS-Finanzierung ist die Intention zur Verbriefung von Finanzierungen (Securitisation), d.h. die von den Banken gewährten Immobiliendarlehen werden in Wertpapiere umgewandelt. Grundidee der Finanzierungsform ABS ist das Konzept der Risikoaufteilung und Risikoabgrenzung (vgl. Gräfer et al. 2001: 281 f.). Hierzu wird, wie in Abbildung 13 dargestellt, zunächst ein klassischer Buchkredit vom Gläubiger (Bank) an den Schuldner (z.B. Immobilienunternehmen) gewährt. In Schritt 2 verkauft die Bank die Darlehensforderung an eine eigens dafür gegründete Zweckgesellschaft (SPV) und kehrt somit das gesamte Bonitätsrisiko des kreditaufnehmenden Unternehmens (Immobilienunternehmen) an das SPV aus. Die Zweckgesellschaft refinanziert sich (Schritt 3) wiederum durch die Ausgabe von Wertpapieren, die ihre Werte aus den ursprünglichen Deckungswerten (Immobilien) beziehen und daher als „Asset Backed Securities" bezeichnet werden (vgl. Gräfer et al. 2001: 10).

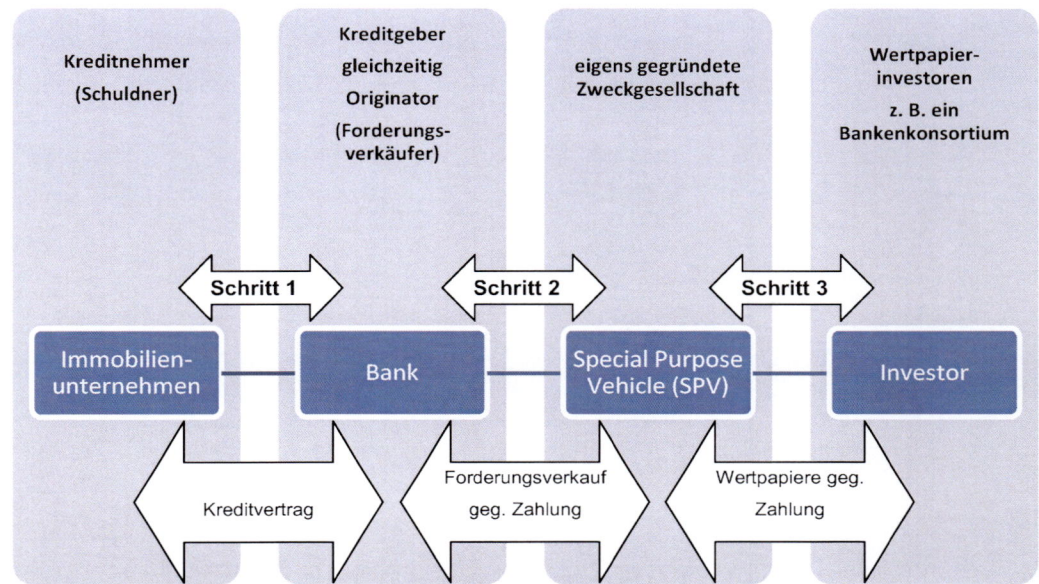

Abbildung 13: Beziehungsskizze einer ABS-Finanzierung (Quelle: Eigene Darstellung)

Obwohl auf den ersten Blick dem Factoring sehr ähnlich, muss das ABS von diesem abgegrenzt werden. Bei beiden kommt es zwar zum Forderungsverkauf an ein anderes Unternehmen und damit zur Schaffung von Liquidität. Während allerdings beim Factoring die Finanzierung in der Bilanz des Forderungskäufers (Factors) enthalten ist, erfolgt bei ABS die Refinanzierung über den Kapitalmarkt (vgl. Breidenbach 2008: 610).

3.1.3 Einzweckgesellschaft

Die Einzweckgesellschaft[11] -auch als Special Purpose Vehicle (SPV) bezeichnet- bildet bei Asset Backed Finanzierungen den strukturellen Ausgangspunkt der Finanzierung. Der strukturierte Teil der Finanzierung bezeichnet den Aufbau und den Ablauf der Transaktion **vor** der Emission der Wertpapiere. Hierzu werden zunächst die zur Verbriefung geeigneten Aktiva vom Kreditinstitut (**Originator**) oder aber auch vom Immobilienunternehmen selbst in einem Pool zusammengefasst. Das Kreditinstitut beauftragt danach einen **Arrangeur**, die Transaktion zu strukturieren. Danach wird der Pool von Aktiva nahezu regresslos an die vom Arrangeur geschaffene Zweckgesellschaft verkauft und übertragen. Das SPV refinanziert sich am Kapitalmarkt mittels Emission von ABS-Papieren (vgl. Breidenbach 2008: 610; Fahrholz 1998: 214).

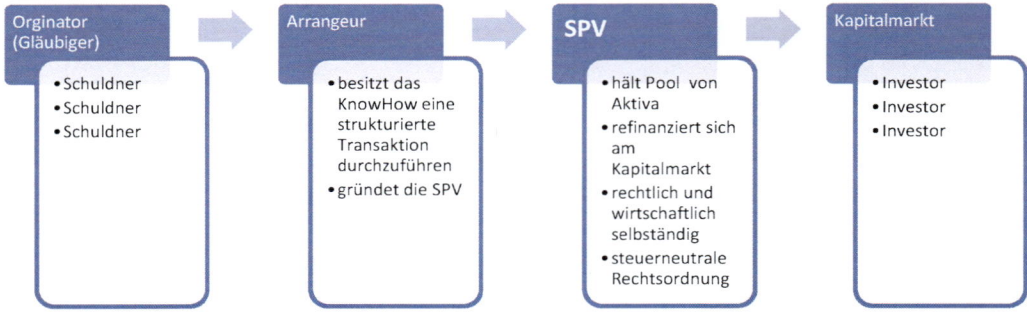

Orginator (Gläubiger)	Arrangeur	SPV	Kapitalmarkt
• Schuldner • Schuldner • Schuldner	• besitzt das KnowHow eine strukturierte Transaktion durchzuführen • gründet die SPV	• hält Pool von Aktiva • refinanziert sich am Kapitalmarkt • rechtlich und wirtschaftlich selbständig • steuerneutrale Rechtsordnung	• Investor • Investor • Investor

Abbildung 14: Struktureller Teil einer Securitisations Transaktion (Quelle: Eigene Darstellung)

Der Zweck (engl. purpose) des SPV liegt also darin, eine strikte Trennung der verkauften Kredite bzw. Aktiva vom Originator wirtschaftlich und rechtlich herbeizuführen, da aus Sicht der Investoren die Abkapselung von Risiken in eine Zweckgesellschaft ein maßgebliches Qualitätsmerkmal darstellt.

Aus Sicht des Immobilienunternehmens sind aufgrund der verschiedenen Arten und unterschiedlichen Intensität der Besicherung zwei grundsätzliche Formen von Zweckgesellschaften zu unterscheiden. Die regelmäßig in der Literatur dargestellte und oben bereits erörterte Form gestaltet sich so, dass der Originator (Bank) seine **Kreditforderungen** an ein SPV verkauft, um sich somit von den Bonitätsrisiken des Kreditnehmers zu trennen.

---

[11] In der Fachliteratur werden u.a. auch die Bezeichnungen „Single Purpose Company" bzw. „Special Purpose Entity" verwendet. Im folgenden werden die Begriffe „Zweckgesellschaft" und SPV synonym verwendet.

In der Praxis kommt allerdings noch eine parallel existierende zweite Form der Zweckgesellschaft, eine sogenannte **Objektgesellschaft** zum Tragen. Ähnlich wie bei einer True Sale Verbriefung (s. Abschnitt 3.1.4) wird hier vom Immobilienunternehmen selbst ein insolvenzfernes SPV mit begrenztem Tätigkeitsprofil gegründet, das den üblichen Anforderungen von Ratingagenturen entspricht. Diese Zweckgesellschaft hat die Aufgabe, ein zur Finanzierung anstehendes Immobilienportfolio aus dem Immobilienunternehmen heraus zu kaufen. Der alleinige Zweck dieser Objektgesellschaft ist das Halten der Immobilien während der Verbriefungszeit. Es soll gewährleistet werden, dass keine Risiken durch Geschäftstätigkeiten entstehen, die nicht mit der SPV-Finanzierung im Zusammenhang stehen (vgl. Breidenbach 2008: 604). Somit lösen beispielsweise Insolvenzvorgänge in einzelnen Objektgesellschaften (Portfolien) keine Haftungsverpflichtung für andere Gruppenunternehmen aus. Da das SPV also zur Separation der Immobilienwerte vom Immobilienunternehmen dient und zur Verringerung konkurs- und handelsrechtlicher Gefahren gegründet wird, verfügt es in der Regel nicht über Personal oder entsprechende Betriebsmittel. In vielen Fällen übernimmt das immobilienabgebende Unternehmen gegen eine Service-Provision die Bewirtschaftung und Verwaltung des sich nun in der Zweckgesellschaft befindenden Immobilienportfolios.

3.1.4 Auswirkungen auf den Kreditnehmer bei ABS-Transaktionen

Der Fachausdruck „Asset Backed Securities" wird sowohl als Oberbegriff für strukturierte Kreditprodukte als auch als Unterbegriff für pfandbriefähnliche Verbriefungen von Hypothekendarlehen verwendet (vgl. Hellerforth 2008: 59). Außerdem werden die beiden möglichen ABS Ausgestaltungen Synthetische-Verbriefung und True-Sale-Verbriefung voneinander abgegrenzt.

(1) Im Fall der **Synthetischen Verbriefung** werden die Kreditforderungen in der Bankbilanz belassen. Es findet lediglich ein schuldrechtlicher **Transfer von Risiken** aus Forderungen an das SPV gegen eine entsprechende Prämie statt. Bei Ausfall der Assets ist das SPV als Sicherungsgeber verpflichtet, den entstandenen Verlust der Bank (Originator) zu ersetzen (vgl. Bittelmeyer 2007: 340 f.). Der Darlehensnehmer erfährt nichts von der Absicherung der Risiken, für ihn ergeben sich keine Auswirkungen.

(2) Im Gegensatz zur synthetischen Verbriefung führt die **True-Sale-Transaktion** zu einem **vollständigen Verkauf (Übertragung) des Kredi25es** an eine Zweckgesellschaft mit der Wirkung, dass die Darlehensforderungen aus der Bank-Bilanz herausfallen. Dem Originator fließen aus der Veräußerung direkt liquide Mittel zu, die seine Eigenkapitalbelastung reduzieren, sodass neue Spielräume

für Kreditvergaben geschaffen werden (vgl. Bittelmeyer 2007: 340 f.). Die Kredite werden dann am Kapitalmarkt gehandelt. Für den Kreditnehmer ändert sich der Vertragspartner mit der Notwendigkeit einer erneuten Abstimmung.

Nachfolgend sollen einige ausgewählte Arten der Verbriefung vorgestellt werden, die in der Immobilienwirtschaft und hier insbesondere in der gewerblichen Wohnungswirtschaft zunehmend an Bedeutung gewinnen.

3.2 Verbriefungen in der deutschen Immobilienwirtschaft

Die mannigfaltigen Beweggründe, die aus Sicht von Kreditinstituten und Immobilienunternehmen für Verbriefungstransaktionen sprechen, werden besonders an den unterschiedlichen Verbriefungsarten deutlich. Auf dem Gebiet der Immobilienfinanzierung sind vor allem Mortgage Backed Securities sowie die Real Estate Securitisation zu nennen.

3.2.1 Wege zum Kapitalmarkt

Prinzipiell ergeben sich für Immobilienunternehmen zwei Möglichkeiten, eine Verbriefung durchzuführen. Zu unterscheiden ist hierbei zunächst zwischen Schuldschein und Schuldverschreibung. Wie nachfolgend dargelegt, existieren zwischen diesen beiden Begriffen wesentliche Unterschiede.

(1) Der Weg an den Kapitalmarkt mittels Bank

Ein Schuldschein dient lediglich als Nachweis für das Bestehen einer Schuld, so z.B. als Beweisurkunde für einen Kredit, und ist somit kein eigenes Wertpapier (vgl. Gräfer et al. 2001: 230). Die Bank kann die Schuldscheine verschiedener Immobilienunternehmen bündeln und diese verbriefen (vgl. Kretschmar, Trampe 2003: 3). Hier erweitert sich die Rolle der Bank vom reinen Kreditgeber hin zum Kapitalmarkt-Intermediär. Sie ermöglicht somit dem Immobilieninvestor den indirekten Zugang zum Kapitalmarkt, d.h. mittels Verbriefung können Kredite von der Bank an den Kapitalmarkt weitergeleitetet werden.

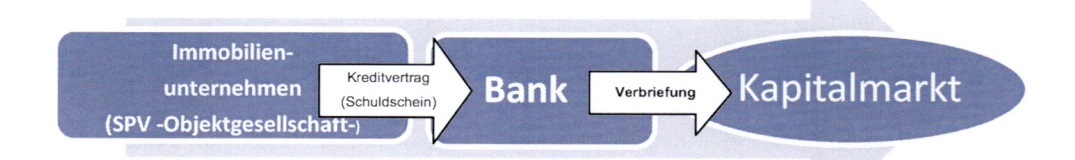

Abbildung 15: Kapitalmarktzugang mittels Bank (Quelle: Eigene Darstellung in Anlehnung an Trampe 2007: 9)

Bei dieser Art der Verbriefung liegt die Annahme nah, dass lediglich die Bank an den Vorteilen partizipiert, da diese Form dem Immobilienunternehmen keinen eigenen Kapitalmarktzugang gewährt. Wie aber bereits in den vorherigen Abschnitten erläutert, erweitert sich hierdurch das Kreditvergabevolumen der traditionellen deutschen Immobilienbanken und ermöglicht gleichzeitig ausländischen Banken einen Zugang zum deutschen Finanzierungsmarkt. Somit profitieren infolge eines gestiegenen Finanzierungsangebotes vor allem kleine und mittelständische Immobilienunternehmen.

(2) Der direkte Weg an den Kapitalmarkt

Für sehr große Unternehmen der gewerblichen Wohnungswirtschaft ist es zum Teil erstrebenswert, einen eigenen Kapitalmarktzugang zu erhalten, um sich so den bankenüblichen Kreditrestriktionen, Margen etc. zu entziehen. Dieser Weg führt über die Begebung von (Inhaber-) Schuldverschreibungen[12] durch das Immobilienunternehmen. Diese können von einer eigens gegründeten Zweckgesellschaft angekauft und als handelbare Wertpapiere (z.B. als reines Wohnungswirtschafts-Papier) direkt am Kapitalmarkt platziert werden. Nur über dieses Instrument können sich immobilieninvestierende Unternehmen direkt und somit bankenunabhängig am Kapitalmarkt finanzieren (vgl. Kretschmar, Trampe 2003: 3).

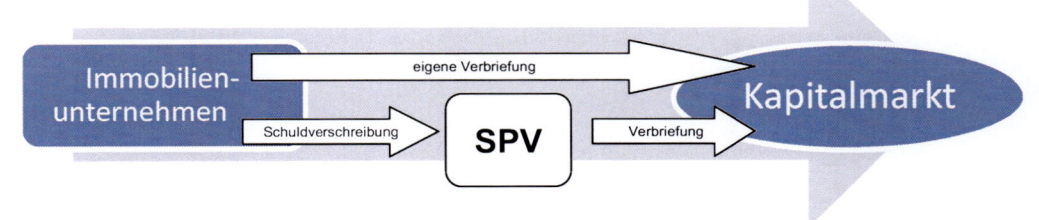

Abbildung 16: Eigener Kapitalmarktzugang (Quelle: Eigene Darstellung in Anlehnung an Trampe 2007: 9)

Unabhängig davon, ob der indirekte oder direkte Weg zur Deckung des erforderlichen Finanzbedarfes führt, wird vom kapitalsuchenden Immobilienunternehmen ein erhebliches Know-how abverlangt, um detaillierte Informationen über die Assets bereitstellen zu können. Dies bedeutet einen hohen Aufwand für das Informationsmanagement und soll letztendlich dazu dienen, den Bonitätseinstufungen der Rating Agenturen bestmöglich gerecht zu werden. Eine positive Einstufung ist die Basis, um die Misstrauenszuschläge der späteren Wertpapierinvestoren möglichst abzubauen und somit die Refinanzierungskosten möglichst gering zu halten (vgl. Büschgen 2007: 692).

---

[12] Unter **Schuldverschreibung** versteht man ein Darlehen, das eine Großunternehmung **über die Börse** von einer Vielzahl von Darlehensgebern aufnimmt (vgl. Gräfer et al. 2001: 198).

3.2.2 Mortgage Backed Securitisation

Bei der Verbriefung von **grundpfandrechtlich besicherten Kreditforderungen** der Kreditinstitute spricht man von **M**ortgage **B**acked **S**ecurities (MBS). MBS sind eine Untergruppe der ABS und werden aufgrund der unterschiedlichen Charakteristika von Immobilienkrediten innerhalb verschiedener Grundstrukturen verbrieft. Je nachdem, ob es sich um Gewerbe- oder Wohnimmobilien handelt, wird zwischen **C**ommercial **M**ortgage **B**acked **S**ecurities (CMBS) oder **R**esidential **M**ortgage **B**acked **S**ecurities (RMBS) unterschieden (vgl. Bienert 2005a: 389). Durchführbar sind sowohl synthetische als auch True-Sale-Verbriefungen (vgl. Abschnitt 3.1.4).

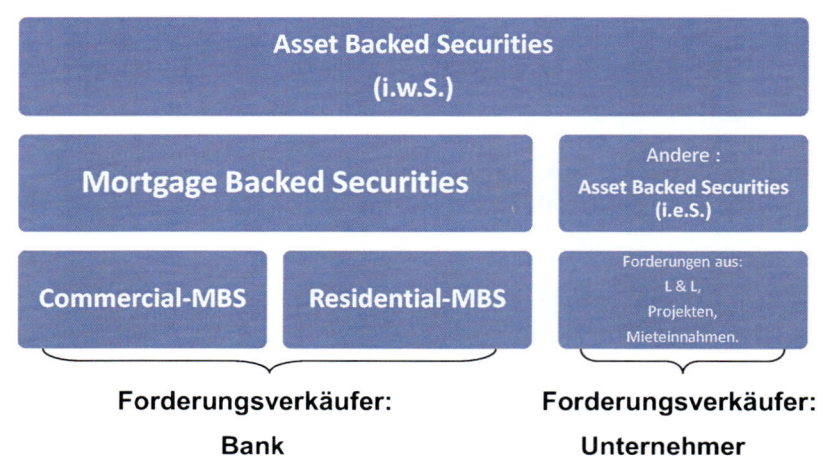

Abbildung 17: Untergliederung der MBS innerhalb des Asset Backed Securities Marktes (Quelle: Eigene Darstellung in Anlehnung an Bienert 2005a: 389)

Bei MBS Transaktionen steht die Verbriefung bei Ausreichung der Immobilienkredite an den Darlehensnehmer häufig noch nicht fest bzw. ist diese oftmals vom Darlehensnehmer nicht beabsichtigt. Vielmehr sind es größtenteils die Kreditinstitute, die zu einem späteren Zeitpunkt aufgrund der Optimierung ihrer Bilanzstruktur und somit Entlastung ihres Eigenkapitals den Zugang zum Kapitalmarkt anstreben (vgl. Lagemann 2007: 14).

In Deutschland steht die MBS Transaktion in direkter Konkurrenz zum Refinanzierungsinstrument der Hypothekenbanken mittels Pfandbriefen. Pfandbriefe und Mortgage Backed Securities dienen gleichermaßen der Finanzierung (exakt) definierter Hypothekendarlehen. Trotz dieser Gemeinsamkeit gibt es jedoch konzeptionelle Unterschiede.

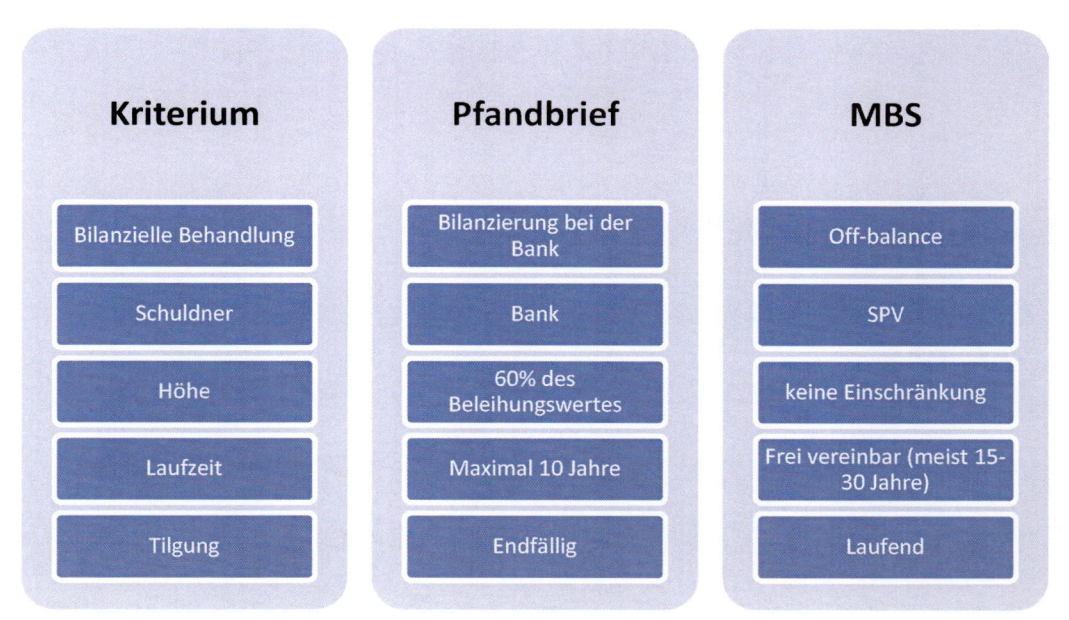

Kriterium	Pfandbrief	MBS
Bilanzielle Behandlung	Bilanzierung bei der Bank	Off-balance
Schuldner	Bank	SPV
Höhe	60% des Beleihungswertes	keine Einschränkung
Laufzeit	Maximal 10 Jahre	Frei vereinbar (meist 15-30 Jahre)
Tilgung	Endfällig	Laufend

Abbildung 18: Vergleich der Pfandbriefe mit Mortgage Backed Securities (Quelle: Eigene Darstellung in Anlehnung an Bienert 2005a: 391; Hellerforth 2008: 123)

3.2.3 Real Estate Securitisation

Als besondere Form der Mortgage Backed Securitisation gibt es die **R**eal **E**state **S**ecuritisation (RES) oder Property Securitisation[13]. Abweichend zur MBS geht hier die Initiative nicht von der darlehensgebenden Bank, sondern vom Immobilieneigentümer aus (vgl. Abschnitt 3.2.1, Abb. 16). Außerdem ist eine RES-Transaktion ausschließlich einem Immobilieneigentümer vorbehalten, während bei einer Banken-MBS-Transaktion i.d.R. mehrere Kredite verschiedener Kunden verbrieft werden (vgl. Lagemann 2007: 14). Die kennzeichnenden Forderungen, die einer RES zu Grunde liegen, sind Primärrechte aus Mietzahlungsansprüchen, Immobilienrestwerten und Immobilienverkaufserlösen (vgl. Wulfken, Lang 2003: 7). Es lässt sich also feststellen, dass die Real Estate Securitisation ein Refinanzierungsinstrument des Immobilieneigentümers darstellt, während ABS und MBS der Refinanzierung von Banken dienen und nur einen indirekten Bezug zu Immobilien besitzen. Bei MBS handelt es sich um Realkredite, aus denen die Zins- und Tilgungsleitungen von Darlehen verbrieft werden, wohingegen bei RES kein Darlehensvertrag zustande kommt, sondern der zukünftige Cash-flow verkauft wird. Da jede Immobilie auf Cash-flow basiert, eignen sie sich sehr gut für die Verbriefung am Kapitalmarkt (vgl. Breidenbach 2008: 618).

---

[13] Die Terminologie ist nicht einheitlich – im anglo-amerikanischen Bereich werden Real Estate Securitisation oder Property Securitisation auch unter Commercial Mortgage Backed Securitisations (CMBS) zusammengefasst (vgl. Wulfken, Lang 2003: 10).

Wie jede andere Securitisation folgt auch eine Immobilienverbriefung einer Transaktionsstruktur (vgl. Abb. 14 in Abschnitt 3.1.3). Da es sich wie bereits beschrieben, um Wertpapiere handelt, die mit Immobilien Cash-flow unterlegt sind, entsteht hier ein bestimmter Regelkreis. Dieser wird anhand der Abbildung 19 dargestellt und anschließend anhand der Schritte 1 bis 5 erläutert.

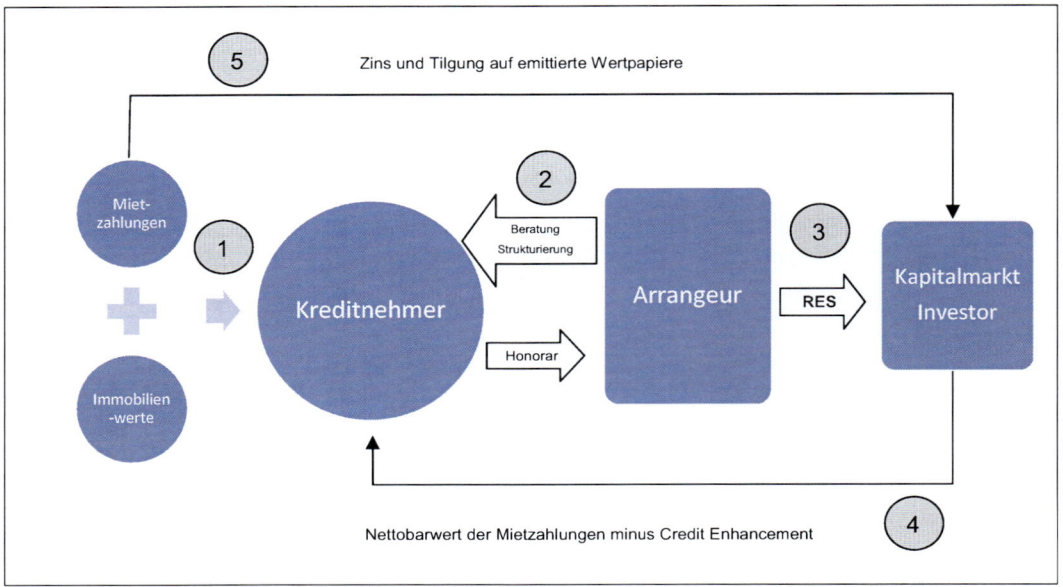

Abbildung 19: Immobilien Securitisation (Quelle: Eigene Darstellung in Anlehnung an Breidenbach 2008: 620)

In **Schritt 1** geht der Immobilienbesitzer (Kreditnehmer) nicht den traditionellen Weg des Realkredites, sondern er möchte sich mittels Mietzahlungen und Immobilienwerten über eine Kapitalmarkttransaktion finanzieren. Im Rahmen einer solchen Finanzierung würde der Immobilieneigentümer die Immobilie oder das Portfolio zunächst auf eine Objektgesellschaft in Form eines SPV gegen Zahlung des vereinbarten Kaufpreises übereignen. Das SPV übernimmt den Kaufgegenstand mit den bestehenden Pacht- und Mietverhältnissen und versucht anschließend den Kaufpreis über den Weg der Real Estate Securitisation zu finanzieren (vgl. Wulfken, Lang 2003: 8). Da der Kreditnehmer selber nicht über das Know-how verfügt eine RES-Transaktion durchzuführen, bedient er sich eines Arrangeurs (**Schritt 2**). Dieser erhält hierfür ein Beratungs- und Strukturierungshonorar. In **Schritt 3** platziert der Arrangeur die RES bei hauptsächlich institutionellen Investoren. Die Kapitalmarktinvestoren zahlen daraufhin (**Schritt 4**) dem Originator einen Preis, der sich aus dem Nettobarwert der Mietzahlungen minus Credit Enhancement[14] zusammensetzt.

---

[14] **Credit Enhancement**: Die Bereitstellung von zusätzlichen Sicherheiten für ein Darlehen allgemein oder in diesem Kontext für eine Zweckgesellschaft. Solche Sicherheiten können z.B. Versicherungen für Kreditausfälle oder Garantieerklärungen sein (vgl. Merk 2008).

Während der gesamten Laufzeit bedient der Originator die Zins- und Tilgungsansprüche **(Schritt 5)** der Kapitalmarktinvestoren, welche diese mit Kauf ihrer Asset gesicherten Wertpapiere erworben haben. Diese Zahlungen werden von einem Treuhänder überwacht und speisen sich aus Mietzahlungen und möglichen Verkaufserlösen (vgl. Breidenbach 2008: 619 f.).

Nachdem in den vorangegangenen Kapiteln die Grundlagen für die Markt- und Umfeldbedingungen der gewerblichen Wohnungswirtschaft und die klassische sowie strukturierte Immobilienfinanzierung vermittelt wurden, soll das folgende Kapitel aufzeigen, wie eine Darlehensverbriefung für ein Wohnungswirtschaftsunternehmen in der Praxis durchgeführt werden kann.

4 Fallstudie: Die Verbriefung von Immobiliendarlehen

Im Mittelpunkt der folgenden Fallstudie steht die Darlehensverbriefung eines gewerblichen Wohnungswirtschaftsunternehmens, des Unternehmens **Alpha Ges.**[15]. Bedingt durch die Größe des Unternehmens und der Besitzverhältnisse (das Eigentum befindet sich in Familienhand) wird das Unternehmen dem großen Mittelstand zugeordnet.

Zunächst sollen das Unternehmen selbst, dann die in den Verbriefungsprozess involvierten Funktionsträger sowie die damit verbundenen Maßnahmen und Effekte betrachtet werden.

4.1 Beschreibung des Unternehmens

Die Alpha Ges. besitzt verschiedene Immobilien, welche sich über das ganze Bundesgebiet verteilen. Hierzu gehören vor allem Wohnimmobilien und Gewerbeimmobilien sowie Sonderimmobilien in Form von Hotels, Einkaufszentren, Kindergärten, Senioren- und Pflegeheimen. Die einzelnen Immobilienportfolios unterscheiden sich somit nach Standort, Nutzungsart sowie Objekteigenschaft. Aufgrund dieser Streuung lässt sich die historisch gewachsene, sehr differenzierte Struktur des **Darlehensbestandes** (s. folgende Abbildung) erklären.

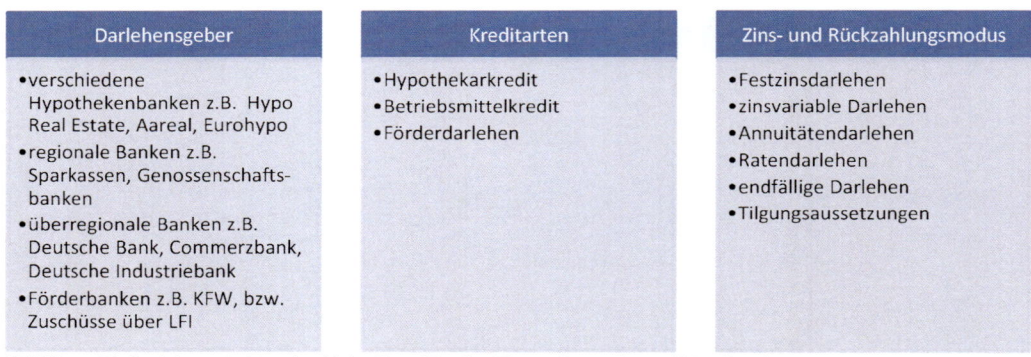

Darlehensgeber	Kreditarten	Zins- und Rückzahlungsmodus
• verschiedene Hypothekenbanken z.B. Hypo Real Estate, Aareal, Eurohypo • regionale Banken z.B. Sparkassen, Genossenschaftsbanken • überregionale Banken z.B. Deutsche Bank, Commerzbank, Deutsche Industriebank • Förderbanken z.B. KFW, bzw. Zuschüsse über LFI	• Hypothekarkredit • Betriebsmittelkredit • Förderdarlehen	• Festzinsdarlehen • zinsvariable Darlehen • Annuitätendarlehen • Ratendarlehen • endfällige Darlehen • Tilgungsaussetzungen

Abbildung 20: Darlehensstruktur der Alpha Ges. (Quelle: Eigene Darstellung: Alpha Ges.)

---

[15] Kurzform für den fiktiven Namen: Alpha Gesellschaft.

Im Folgenden sind die Verbindlichkeiten der Alpha Ges. gegenüber Kreditinstituten dargestellt:

Verbindlichkeiten Kreditinstitute > 5 Jahre	€
Hypothekenbank I	161.000.000
Hypothekenbank II, III, IV	73.000.000
regionale Banken	14.000.000
überregionale Banken	43.000.000
Kreditanstalt für Wiederaufbau	14.000.000
Landesförderinstitut	15.000.000
Saldo	320.000.000

Tabelle 1: Verbindlichkeiten gegenüber Kreditinstituten > 5 Jahre (Quelle: Eigene Darstellung: Alpha Ges.)

Die Verbindlichkeiten gegenüber der Hypothekenbank I umfassen hierbei 175 Einzeldarlehen. Der Saldo der restlichen Kreditinstitute setzt sich aus 390 Einzeldarlehen zusammen. Aus dem Lagebericht der Alpha Ges. lässt sich entnehmen, dass die Erfüllung der Kapitaldienstverpflichtungen (Zins- und Tilgungsleistungen) fristgemäß erfolgt, die Finanzlage als gut bewertet wird und die Gesellschaft über ausreichend finanzielle Mittel verfügt, um zukünftige Investitionen und Instandhaltungsaufwendungen zu finanzieren.

Trotz befriedigender Geschäftslage war es der Alpha Ges. nicht möglich, für das im Jahr 2006 auslaufende Finanzierungsportfolio der Hypothekenbank I eine Anschlussfinanzierung zu erhalten bzw. eine entsprechende Umschuldung auf dem bereits bekannten traditionellen deutschen Kreditmarkt zu arrangieren. Als Ursache hierfür konnte der beachtliche Gesamtbestand deutscher Banken an langfristigen Immobilienkrediten und die daraus resultierende fehlende Bereitschaft, neue Kredite zu vergeben identifiziert werden (vgl. abschnittsweise Kapitel 2 und 3.1.1).

4.2 Kapitalmarktbasierte Finanzierung

Die Lösung ihres existenzbedrohenden Finanzierungsproblems ergab sich für die Alpha Ges. letztendlich durch die Expansionsbemühungen einer amerikanischen Bank[16] der **Credit Securities LLC**[17], die mittels Real Estate Investment Banking (vgl. Abschnitt 3.1.1) auf dem europäischen Immobilien-Kapitalmarkt präsent wurde. Sie bedient den europäischen Markt mit der Vergabe von Immobilienfinanzierungen in Höhe von 5 bis 100 Mio. Euro. Diese Finanzierungen werden in einem Pool von 100 bis 200 Darlehen mit einem Volumen von ein bis drei Mrd. Euro zusammengefasst und

---

[16] im folgenden Text **C.S. Bank** genannt (Abkürzung für den fiktiven Namen: Credit-Securities LLC).

[17] Die Limited Liability Company (**LLC**) ist die Rechtsform einer US-amerikanischen Kapitalgesellschaft und ist in Deutschland mit einer GmbH zu vergleichen (vgl. Langenscheidt, Routledge 2007).

verbrieft. Laut Aussage der C.S. Bank verbleiben die Darlehen im Durchschnitt nur 60 Tage in der Bilanz, bevor das Risiko weiterverkauft wird.

Als Basis für die spätere Verbriefung durch die C.S. Bank dient der **Darlehensvertrag** zwischen der C.S. Bank und dem Immobilieneigentümer[18]. In diesem Vertrag werden die künftigen Ansprüche der Bank SPV in Form von Zins- und Kapitalzahlungen gegen die C.S. Bank festgelegt, die aus dem Cash-flow des Immobilienportfolios entstehen. Ferner koordiniert und regelt der Darlehensvertrag die wechselseitigen Pflichten und das Verhalten der Vertragsparteien, um Ausfallrisiken des Kreditportfolios soweit einzuschränken, dass eine spätere Verbriefung zu bestmöglichen Konditionen erfolgen kann. Neben diesem schuldrechtlichen Vertrag bedient sich die Bank weiterer Sicherheiten wie beispielsweise der Abtretung von Mietzinsansprüchen, Bestellung von Grundpfandrechten, Kontenverpfändungen, Garantien und Verpfändung der Gesellschaftsanteile, welche dann in Form einer Globalsicherungsabtretungsvereinbarung, eines Kontenverpfändungsvertrages, einer Sicherungszweckvereinbarung sowie einer Sorgfaltspflichterklärung wiederum Bestandteil des Darlehensvertrages werden.

Im Folgenden sollen die beteiligten Akteure und Maßnahmen, die notwendig sind, um eine Bankenfinanzierung durch Verbriefung erfolgreich zum Abschluss zu bringen, aus Sicht des Immobilienunternehmens betrachtet werden.

4.3 Funktionsträger eines Verbriefungsprozesses

Wie bereits im Vorfeld beschrieben, lassen sich drei Hauptakteure im Rahmen einer Securitisation identifizieren. Auf der kapitalsuchenden Seite ist einerseits das zu finanzierende Unternehmen (ObjektCo) und anderseits die refinanzierungssuchende Bank (C.S. Bank) zu benennen. Auf der kapitalgebenden Seite ist zwischen den Wertpapier-Investoren und der Bank (C.S. Bank), die hier in einer intermediären Funktion tätig wird, zu unterscheiden.

Neben den genannten Hauptakteuren sind weitere Aufgabenträger, die das erforderliche Know-how einbringen notwendig, um eine Finanzierung auf Basis einer Verbriefung zu ermöglichen. Für die vorliegende Verbriefungsform lässt sich eine Grundstruktur erkennen, die in einen „**Strukturellen Teil**" (vor Emission der Wertpapiere) bzw. in einen „**Operationalen Teil**" (nach Emission der Wertpapiere) segmentiert ist (vgl. Breidenbach 2008: 610 f.). Je nach Stand der Verbriefungstransaktion lassen sich somit

---

[18] Die Immobilien müssen noch in eine Objektgesellschaft (SPV) übertragen werden (nachfolgend **ObjektCo** genannt) (vgl. hierzu Abschnitt 3.1.3 und Abschnitt 4.3.2).

die Funktionsträger sowie deren Aufgabenbereiche abgrenzen.

Segmentierung der Funktionsträger

Struktureller Teil (vor Emission der Wertpapiere)	Operationaler Teil (nach Emission der Wertpapiere)
• Arrangeur • Objektgesellschaft • SPV	• Service Agent / Servicer • Treuhänder / Trustee

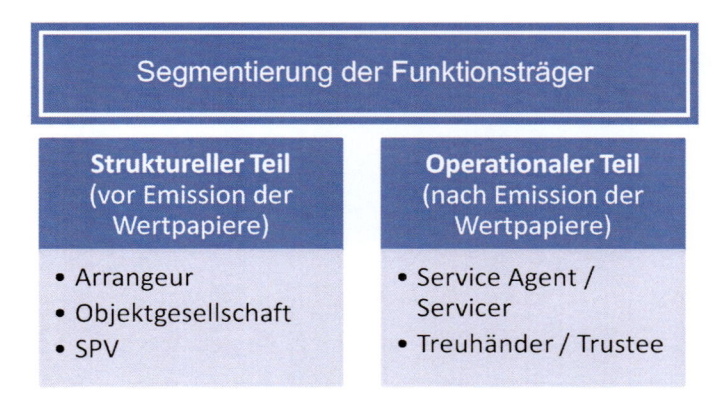

Abbildung 21: Segmentierung der Funktionsträger (Quelle: Eigene Darstellung)

4.3.1 Der Arrangeur

Der **Arrangeur** ist der Akteur, der die Kriterien für die Verbriefung vorgibt, die **Transaktion strukturiert** und die Einhaltung aller Regeln sicherstellt (vgl. Trampe 2005: 4).

Bereich 1: Arrangierung → Finanzierung
Bereich 2: Arrangierung → Verbriefung

Abbildung 22: Tätigkeitsfeld des Arrangeurs (Quelle: Eigene Darstellung)

Das von der C.S. Bank entsandte Arrangeur-Team[19] übernimmt die Vorbereitung der ABS-Transaktion[20]. Zunächst soll aufgezeigt werden, ob eine Finanzierung des Immobilienportfolios (Bereich 1) überhaupt möglich ist. Mit Hilfe des Arrangeurs wird auf der Grundlage des Cash-flows, der durch das Immobilienportfolio generiert wird, eine Struktur ausgearbeitet. In den Mittelpunkt seiner Überlegung stellt der Arrangeur zunächst ausschließlich das Objekt und sein Ertragspotential, das über die gesamte Laufzeit der Finanzierung analysiert und eingeschätzt wird (vgl. Lauer 2007: 513). Hierzu führt er folgende Maßnahmen durch, auf welche auszugsweise in den Abschnitten 4.4 und 4.5 näher eingegangen wird:

---

[19] Für die Alpha Ges. war für die Dauer des Bearbeitungszeitraumes (ca. ½ Jahr) ein aus bis zu 6 Personen bestehendes Structured Finance Team zuständig.

[20] Hier als notwendige Vorstufe für die eigentliche ABS-Transaktion zwischen Wertpapieremittenten (Bank) und Wertpapierzeichnern (Anleger) zu verstehen.

- Initiierung der Gründung einer Objektgesellschaft (Immobilien-SPV),
- Durchführung eines Due Diligence unter Inanspruchnahme von Beratern und Gutachtern,
- Beauftragung von Ratingagenturen,
- Erstellung verschiedener Finanzierungsportfolios auf der Grundlage von Cashflow-Szenarien,
- Erarbeitung eines Finanzierungsmodels.

Die im Bereich 1 ermittelte Zahlungsfähigkeit eines Immobilienportfolios dient dann wiederum als Bonitätsnachweis der Bank gegenüber den Wertpapieranlegern. Im Rahmen der eigentlichen Asset-Backed-Transaktion (Bereich 2) hat nun der Arrangeur die Aufgabe, die Struktur der Emission auszuarbeiten. In der Praxis ergänzen bzw. überschneiden sich die beiden Bereiche des Arrangeurs. Da im Rahmen dieser Veröffentlichung die Sichtweise des finanzierungssuchenden Immobilienunternehmens im Mittelpunkt steht, soll auf den Maßnahmenkatalog zur Kreditverbriefung im Bereich 2 nicht weiter eingegangen werden.

4.3.2 Die Objektgesellschaft

Neben dem Unternehmen Alpha Ges. befinden sich noch weitere Immobilienunternehmen im Eigentum des Darlehensnehmers. Im Laufe der Jahre hat sich daraus eine komplizierte und steueroptimierte Unternehmensgruppenstruktur entwickelt. So sind beispielsweise in vielen Fällen Darlehensnehmer und Sicherheitensteller nicht identisch. Individuell bestehende Unternehmensrisiken der Alpha Ges. wie beispielsweise Instandhaltungsstau, das Risiko von Forderungsausfällen und (steuer-)rechtliche Risiken sind zwangsläufig aus unternehmerischen Aktivitäten heraus entstanden. Somit stellt sich für die finanzierende Bank die Frage nach der Konkurssicherheit des finanzierungssuchenden Unternehmens Alpha Ges. Da diese Frage im Sinne einer Securitisation zwingend mit einem „Nein" zu beantworten ist, ist die Neuordnung der Rechtsverhältnisse des Darlehensnehmers für die Bank von zentraler Bedeutung (s. Abschnitt 3.1.3).

Als Lösung hierfür werden SPVs in Form von eigenständigen Objektgesellschaften gegründet, die von nun an sowohl die Immobilien halten, als auch Darlehensnehmer und Sicherheitengeber sind. Diese SPVs werden in der Rechtsform einer GmbH & Co. KG festgelegt, deren ausschließlicher Gesellschaftszweck in der Haltung und Vermietung von Immobilien und ggf. Veräußerung von Immobilien aus dem Portfolio liegt.

Aufgrund des Finanzierungsvolumens[21] sowie einer unterschiedlich prognostizierten Ertragserwartung (Preformanceanalyse[22]) der Immobilien ist es im Fall der Alpha Ges. notwendig, den zu finanzierenden Bestand in zwei Portfolio-Segmente aufzuteilen und hierzu je ein Darlehen auszureichen. Nachdem ausschließlich die Zweckgesellschaft für die Erfüllung der darlehensvertraglichen Verpflichtungen (non-recourse[23]) haftet und die Werthaltigkeit der Ertragskraft des Immobilienportfolios letztlich durch die Bonität der Gesellschaften bestimmt wird, ist es folgerichtig notwendig zwei von einander rechtlich und wirtschaftlich unabhängige Objektgesellschaften zu gründen. Wegen des weitgehend identischen Aufbaus und Ablaufs der beiden Finanzierungen soll im Folgenden, bis auf wenige Ausnahmen, nur noch von einer Zweckgesellschaft (kurz **ObjektCo** genannt) gesprochen werden.

Die Gründung der ObjektCo stellt eine vollständige Unternehmensneugründung dar. Hierbei bedarf es des Abschlusses zweier Gesellschaftsverträge, eines GmbH-Gesellschaftervertrages und eines KG-Vertrages (vgl. Wagner, Rux 2004: 44). Die GmbH & Co. KG ist zwar keine juristische Person, jedoch teilrechtsfähig und kann deshalb unter ihrer Firma selbst Rechte erwerben und **Verbindlichkeiten** eingehen (vgl. HGB 2009: § 124 Abs. 1, § 161 Abs. 2). Da es sich somit bei der ObjektCo um eine rechtlich eigenständige Immobilien-Objektgesellschaft handelt, kann sie Kreditverträge abschließen, weshalb die Finanzierung unmittelbar an die ObjektCo erfolgte. In den folgenden Ausführungen wird die ObjektCo durch eine Komplementär GmbH vertreten, welche vom Unternehmen Alpha zu 100% gehalten wird.

Eine der Grundvoraussetzungen für jede Securitisation ist es, die jeweilige Besitzgesellschaft so weit als möglich von allen Risiken fern zu halten, d.h. sie „insolvenzfest" zu machen (vgl. Wulfken, Lang 2003: 9). Die folgenden drei Kriterien sollen sicherstellen, dass die ObjektCo nur in Konkurs gehen kann, wenn die Erlöse aus Vermietung und Verpachtung nicht ausreichen, das Darlehen mit Zins und Tilgung zu bedienen.

1. Die Aktivitäten der Objektgesellschaft sind auf ihren Gesellschaftszweck (s. oben) zu beschränken.

---

[21] Aufgrund des Pooling der Darlehen, soll das Volumen einzelner Darlehen 100 Mio. Euro nicht überschreiten.

[22] Bei direkt gehaltenen Immobilienportfolios erfolgt die Renditeberechnung überwiegend an Hand des Rechenmodells des Totale Return, der sämtliche Renditebestandteile (Netto-Cashflow-Rendite und Wertänderungsrendite) zusammenfasst (vgl. Vollrath 2007: 307).

[23] **nonrecourse loan**: projektgebundenes Darlehen (vgl. Langenscheidt, Routledge 2007).

2. Es dürfen keine gesellschaftszweckfremden Schuldverhältnisse eingegangen werden, deren Nichterfüllung den Konkurs zur Folge haben könnte.
3. Die Abtretung von Rechten aus Forderungen (insbesondere Mietforderungen) durch die Objektgesellschaft an Dritte ist nicht zulässig (vgl. Breidenbach 2008: 612 f.).

Um diesen Kriterienkatalog erfüllen zu können, sind folgende Voraussetzungen zu schaffen:

- Die Neugründung der ObjektCo ermöglicht den Ausschluss aller vergangenheitsbezogener und somit unter Umständen unkalkulierbarer Risiken[24].
- Der Besitz der Objektgesellschaft beschränkt sich auf das zur Vermietung und Verpachtung notwendige Anlagevermögen.
- Die Objektgesellschaft beschäftigt kein eigenes Personal, besitzt keine Räumlichkeiten oder andere Einrichtungen.
- Die Abwicklung der Geschäfte erfolgt durch das immobilienverkaufende Unternehmen Alpha Ges. im Rahmen eines Geschäftsbesorgungsvertrages.

Die Wahlmöglichkeiten hinsichtlich der Rechtsform für die ObjektCo werden durch das deutsche Steuerrecht determiniert. Maßgeblich sind hier insbesondere das Einkommensteuergesetz, das Grunderwerbsteuergesetz und das Umsatzsteuerrecht.

Seitens des Unternehmens Alpha ist beabsichtigt, stille Reserven zu heben. Voraussetzung hierfür ist die Veräußerung des Portfolios zum Verkehrswert, dies jedoch verbunden mit der Gefahr einer Besteuerung der Differenz zwischen Übertragungs- und Buchwert sowie weiteren Transaktionskosten[25]. Um diese Kosten weitgehend zu vermeiden, werden Teile des Portfolios **unentgeltlich** (gegen Gewährung von Gesellschaftsrechten) an eine GmbH & Co. KG, an der das Unternehmen Alpha nunmehr als 100%iger Kommanditist beteiligt ist, übertragen. Somit ist unter fiskalischen Gesichtspunkten die Buchwertfortführung gewährleistet (vgl. EStG 2009: § 6 Abs. 5 S. 3 Nr 1).

---

[24] z.B. Haftung für Steuerschulden oder Forderungen der Arbeitnehmer.

[25] Als Bemessungsgrundlage dient hier der Verkaufspreis. Gem. § 11 i.V. m § 8 und 9 Grunderwerbsteuergesetz 3,5% Grunderwerbsteuer. § 5 GrEStG befreit unter bestimmten Umständen Personengesellschaften von der Grunderwerbsteuer (vgl. GrEStG 2007). Zusätzlich fallen weitere Kosten in Höhe von ca. 1% für den Notar sowie für die Umschreibung im Grundbuch an.

Der aus der **teilentgeltlichen** Übertragung (Kaufpreis + Schuldenübernahme) resultierende Veräußerungsgewinn wird durch die Anwendung des § 6b EStG neutralisiert. Die gesellschafterbezogene Ausrichtung des § 6b ermöglicht es dem einzelnen Mitunternehmer, den auf ihn entfallenden Veräußerungsgewinn steuerneutral auf die Anschaffungskosten des Reinvestitionsgutes zu übertragen (vgl. EStG 2009: § 6b; Wagner, Rux 2004: 251). Im vorliegenden Fall ist die veräußerte Immobilie zugleich begünstigtes Reinvestitionsgut der ObjektCo mit der Folge, dass eine Buchwertfortführung erreicht wird.

Aus umsatzsteuerlicher Sicht stellt sich die Frage, ob Verwaltungsleistungen, Inkasso und Mahnwesen, welche von der Kommanditistin Alpha zugunsten der ObjektCo erbracht werden, eine sonstige Leistung im Sinne des § 1 Abs. 1 Nr. 1 UStG darstellen und damit umsatzsteuerbar sind. Durch die Wahl der Rechtsform einer GmbH & Co.KG stellen die o.g. Leistungen einen **nicht umsatzsteuerbaren Gesellschafterbeitrag** dar, da der Gesellschafter gegenüber der Gesellschaft eine Leistung erbringt, die durch das Gesellschaftsverhältnis veranlasst ist. Hierdurch werden die Leistungen nicht durch ein Entgelt abgegolten, sondern durch die Beteiligung am Gewinn und Verlust der ObjektCo (vgl. BFH v. 6.6.2002, V R 43/01, BStBl. II 2003: 36).

Fazit:
Die ObjektCo ist eine konkurssicher gestaltete Gesellschaft in Form einer GmbH & Co KG, bei welcher der alleinige Kommanditist (100% Eigentümer) der Verkäufer (Alpha Ges.) der Immobilien ist. Ihr einziger Zweck besteht in der wirtschaftlichen Sicherstellung und rechtlichen Kontrolle des Cash-flows.

4.3.3 Service-Agent und Treuhänder

Nach erfolgreicher Finanzierung des Immobilienunternehmens und nach Emission der Wertpapiere seitens der Bank am Kapitalmarkt beginnt der operationale Teil der Transaktion (vgl. Breidenbach 2008: 610). Ab diesem Zeitpunkt werden die Zahlungsströme aus der Darlehensforderung (Zins und Tilgung) direkt dazu aufgewendet, die Wertpapierinvestoren zu bezahlen. Wie im Vorfeld bereits erläutert, verkauft die Bank ihre Darlehensforderungen an ein SPV, das sich wiederum durch Emission von Wertpapieren refinanziert. Dabei ist zu berücksichtigen, dass das weitergegebene Darlehensportfolio während der gesamten Transaktionslaufzeit verwaltet werden muss, d.h. von der Ausgabe der Wertpapiere bis zu deren vollständigen Rückzahlung. Diese Aufgabe wird vom **Service-Agenten** übernommen.

Der **Treuhänder** (Trustee), dem ein vorrangiges Zugriffsrecht auf den Aktivapool des SPV zusteht, überprüft hierbei das SPV, den Servicer und dessen ordnungsgemäße Forderungsverwaltung (vgl. Emse 2005: 35). Darüber hinaus fungiert er als Hauptzahlungsstelle für die Weiterleitung der Zahlungsströme an die Investoren (vgl. Breidenbach 2008: 610).

Wie aus Abbildung 23 ersichtlich, erstreckt sich das Tätigkeitsfeld dieser beiden Akteure nicht nur auf das Servicing bzw. die Überwachung der Transaktion der verbrieften Kredite, sondern auch auf die Überwachung der objektbesitzenden Immobilienzweckgesellschaft. Im Falle der ObjektCo müssen somit der Service-Agent und der Treuhänder bereits an diesem Punkt sicherstellen, dass der für die Bedienung der ABS notwendige Cash-flow aus den Zahlungsmittelüberschüssen des Immobilienportfolios gewährleistet ist.

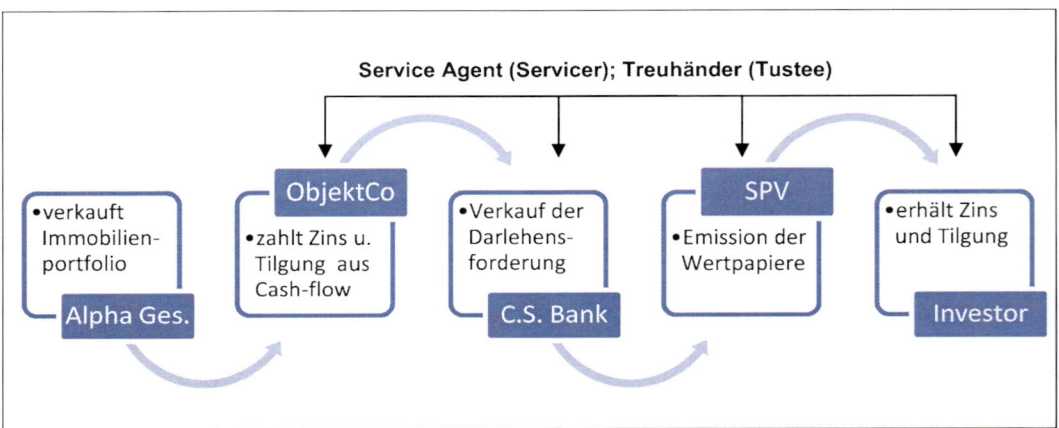

Abbildung 23: Tätigkeitsfeld des Servicers und Trustees (Quelle: Eigene Darstellung)

Dem Unternehmen Alpha Ges. steht indes nur ein Ansprechpartner, nämlich die C.S. Bank gegenüber. Hierzu gründet die C.S. Bank eine eigene Gesellschaft, die von Irland[26] aus die ordnungsgemäße Verwaltung des Immobilienbestandes überwacht und somit die Zahlungsfähigkeit und Insolvenzsicherheit der ObjektCo im Sinne der Investoren so weit als möglich gewährleistet.

---

[26] Die Forderungen der Banken werden aus steuerlichen Gründen oft an eine im Ausland ansässige SPV veräußert (z.B. Irland, Jersey). Von dort findet dann i.d.R. auch die Verwaltung statt (vgl. Hofmann, Hee 2006: 584).

4.4 Maßnahmen eines Verbriefungsprozesses

Nachdem im vorangegangenen Abschnitt die notwendigen Funktionsträger für eine strukturierte Finanztransaktion identifiziert wurden, soll in diesen Abschnitten auf die **erforderlichen Maßnahmen** zur Erarbeitung einer Kreditstruktur aus Sicht des zu finanzierenden Immobilienunternehmens eingegangen werden.

Analog zur Segmentierung der Funktionsträger (vgl. Abschn. 4.3 Abb. 21) lassen sich die erforderlichen Aktionen in einen „Strukturellen Teil" und einen „Operationalen Teil" aufgliedern. Hierbei übernimmt, bedingt durch die zum Teil erhebliche Komplexität des Finanzierungsgebildes (s. Abb. 22 u. 23), die Bank die organisatorische Gestaltung, um die Transaktion in ihrer Gesamtheit zu strukturieren und während der gesamten Laufzeit zu verwalten.

Die organisatorischen Maßnahmen zur Entwicklung einer strukturierten Immobilienfinanzierung vollziehen sich am Beispiel der ObjektCo in zwei Phasen:

- **Phase 1 („Struktureller Teil")**
- Verhandlung des **Letter of Intent**,
- **Due Dilligence** unter Einschaltung von Beratern (Checklisten s. **Anhang 3** und **Anhang 4**),
- Festlegung der **Cash-flow-Szenarien** und Erarbeitung des endgültigen Finanzierungsmodelles (incl. Covenants) (vgl. Hockmann, Thießen 2007: 306).
- **Phase 2 („Operationaler Teil")**
- Steuerung des Krediets durch **Covenants** (vereinbarte Bedingungen und Informationspflichten seitens des Kreditnehmers) (vgl. Zierke 2007: 570).

4.5 Die Due Diligence Real Estate

Die sinngemäße Übersetzung des englischen Begriffes **Due Diligence** bedeutet „erforderliche Sorgfalt" und hat seine Wurzeln im US-amerikanischen Kapitalmarkt- und Anlegerschutzrecht. Neben diesem allgemein haftungsrechtlichen Konzept stellt die Due Diligence auch ein spezielles unternehmenskaufrechtliches Institut dar, welches dem Käufer die Pflicht auferlegt, vorab die Kaufsache zu untersuchen (vgl. Hoegemann 2006: 104). Die **Due Diligence Real Estate**, die zu einem wesentlichen Bestandteil des Kreditratings avanciert ist, dient im Rahmen der Securitisation neben der Transparenzmachung von Informationen auch der Aufdeckung aller Risikopotentiale der beabsichtigten Finanzierung, der Identifikation sämtlicher Sachverhalte die einen Regelungsbedarf im Kreditvertrag bedingen, der Erarbeitung von Bewertungsgrundlagen für die Immobilien, der finanziellen Betrachtung der Transaktion an sich sowie der Beweissicherung für die eventuelle Verwertung seitens der Bank bei einem eintretenden Kreditausfall (vgl. Busch 2007: 408 f.). Die Risiken sind abhängig von der Objekt- bzw. Portfoliobetrachtung. Risiken entstehen aus dem Eigentum und dem Betrieb der Immobilie, beispielsweise in Form von Mietertragsschwankungen, dem Mietausfallrisiko und Leerstands- oder Altlastenproblematik sowie Haftungsrisiken (vgl. Bender 2007: 272). Besonders bei Immobilien, deren Erträge für die Zins- und Tilgungsleistungen des Kreditnehmers eingesetzt werden, steht der Mietertrag im Vordergrund. Eine aussagefähige Beurteilungsmöglichkeit dieses Hauptausfallrisikos bietet der detaillierte Einblick in alle die Immobilien betreffenden Bereiche, also steuerliche, rechtliche, technische und auch wirtschaftliche Aspekte im Rahmen der unterschiedlichen Due Diligence Überprüfungen (vgl. Busch 2007: 417 f.). Die Portfoliorisiken entstehen aus der Gesamtheit der einzelnen Objekte. Besondere Aufmerksamkeit erfordern dabei Risiken, die beispielsweise aus einer regionalen oder sektoralen Schwerpunktbildung resultieren. Klumpenrisiken, die stark mit der konjunkturellen Entwicklung korrelieren, sind dabei ebenso von Bedeutung wie synchron auslaufende Mietverträge oder die Zusammenballung von Instandhaltungsaufwendungen, die schnell zu Liquiditätsengpässen führen können (vgl. Bender 2007: 272 f.).

Im Kontext dieser Veröffentlichung wird die Due Diligence im Vorfeld einer Kreditentscheidung durchgeführt. Sie kann aufgrund ihres außerordentlichen Umfangs und Detaillierungsgrades bei Securitisationsfinanzierungen als eine erweiterte Kreditwürdigkeitsprüfung verstanden werden, welche, nach oben determinierter Definition, dem Kreditgeber die Pflicht auferlegt, eine **Bonitätsprüfung vor einer Kreditgewährung** durchzuführen.

Eine Due Diligence findet im Finanzierungsprozess zwischen den ersten Gesprächen über eine Finanzierungstransaktion und der Vertragsunterschrift statt. Mit der Kontaktaufnahme und der grundsätzlichen Interessensbekundung, gemeinsam eine Finanzierungstransaktion durchzuführen, gewährt der Kreditnehmer erstmals den Zugang zu internen Informationen (vgl. Burger, Ulbrich 2005: 142 f.). Dementsprechend werden zwischen der ObjektCo und der C.S. Bank

- die Verfahrensweise bezüglich der detaillierten Informationsbereitstellung (Due Diligence) und
- ein Ablaufplan für den weiteren Finanzierungsprozess

festgelegt.

4.5.1 Der Letter of Intent

Vor Durchführung der Transaktion fordert die C.S. Bank von der Alpha Ges. zunächst die Abgabe einer Absichtserklärung (**Letter of Intent**). Eine Due Diligence verursacht Kosten und bindet Arbeitskraft. Der Letter of Intent (LOI) dient als weitere Voraussetzung für die Durchführung einer Due Diligence, fasst die bisherigen Verhandlungsergebnisse zusammen und skizziert das weitere Vorgehen (vgl. Burger, Ulbrich 2005: 144 f.).

Im Falle der anstehenden Transaktion enthält er Ausführungen und Bestimmungen über:

- die genaue Definition des zu finanzierenden Immobilienportfolios,
- die Pflicht, alle formalen Kriterien zur Gründung der Objektgesellschaft zu erfüllen,
- die Verpflichtung der ObjektCo zur Exklusivverhandlung,
- die Finanzierungspreisvorstellungen,
- die Ausgestaltung und den Zeitplan für die Due Diligence seitens der C.S. Bank,
- die Mitwirkungspflicht für die Due Diligence seitens der ObjektCo.

Formal ist der Letter of Intent eine einseitige Erklärung der ObjektCo (Alpha Ges.) mit anschließender Annahme durch die C.S. Bank und dient dem Zweck, eine Übereinkunft über die wesentlichen Inhalte des späteren Darlehensvertrages zu erzielen. In der Regel ist der LOI ohne rechtliche Bindewirkung ausgestaltet, d.h. es besteht kein Anspruch einer Partei auf Abschluss eines Vertrages über die Hauptleistung (hier Darlehensvertrag) (vgl. Berens et al. 2008: 53). Dies schließt allerdings nicht aus, dass beispielsweise Vereinbarungen hinsichtlich der Kostentragung seitens des Darlehensnehmers für die Due Diligence verbindlich sind. Auch für den Fall eines sachlich nicht gerechtfertigten Abbruchs und somit eines Nichtzustandekommens des Darlehensvertrages nach Unterzeichnung des LOI durch die ObjektCo wird eine Aufwandsentschädigung in Höhe von 1% der in Aussicht gestellten Darlehenssumme vereinbart sowie ein Schadenersatzanspruch der C.S. Bank basierend auf § 280 Abs. 1, 311 Abs. 2 Nr. 1, 241 Abs. 2 BGB festgelegt (vgl. BGB 2009).

4.5.2 Die wirtschaftliche Due Diligence

Die wirtschaftliche Due Diligence beinhaltet im Wesentlichen eine Markt- und Standortanalyse (die **Market Due Diligence**) sowie eine Untersuchung der Ertragskraft der Immobilien (die **Financial Due Diligence**) (vgl. Busch 2007: 408). Im Rahmen dieser Untersuchung wird für den zu finanzierenden Immobilienbestand sowohl eine Markt- als auch Mieteranalyse durchgeführt. Bestehen beispielsweise Mietrückstände, so sind Einschätzungen über ihre Höhe wie auch über ihre Entwicklungstendenzen zu treffen. Mit Blick auf die Vermietungssituation sind neben der Vermietungsquote auch Aussagen zur Mieterstruktur und Mieterbonität von Interesse (vgl. Busch 2007: 416 f.). Insbesondere im Hinblick auf eine angemessene Diversifikation der Mietausfallrisiken sind sog. Klumpenrisiken zu identifizieren. Im Falle der ObjektCo stellt sich heraus, dass gerade Wohnimmobilien aufgrund der Vielzahl von Mietern mit einem geringeren Mietausfallrisiko behaftet sind als die bedingt durch fehlende Diversifikation risikoreicheren Gewerbe- und Spezialimmobilien.

Die **Financial Due Diligence** ist ein Teilbereich des wirtschaftlichen Due Diligence und dient im Rahmen der strukturierten Finanzierung der Untersuchung der wirtschaftlichen und finanziellen Situation der Immobilienportfolios sowie der Untersuchung der Objektgesellschaft (vgl. Berens et al. 2008: 386). Kernstück der Tragfähigkeit derartiger Finanzierungen ist die Beurteilung der Ertragskraft der Finanzierungsobjekte, wie sie im Business-Plan der ObjektCo abgebildet ist (s. **Anhang 5**). Sämtliche operative Annahmen des Business Plans beruhen auf der Ermittlung des zukünftigen Free-Cash-flow, der für die Auszahlung des liquiditätswirksamen Schuldendienstes (Zins und Tilgung) zur Verfügung stehen muss. Steht der voraussichtliche Cash-flow fest, dient er als Berechnungsgrundlage des so genannten **Debt Service Coverage Ratio** (DSCR). Diese Kennzahl gibt Auskunft, ob der laufende Cash-flow ausreicht, um den Schuldendienst zu decken. I.d.R. verlangen Finanzinstitute bei Projektfinanzierungen einen Schuldendienstdeckungsgrad von 1,1 bis 1,35 (vgl. Lucius 2008: 584). Im Securitisationsbeispiel der ObjektCo wird ein DSCR von 1,2 als vertraglich bindende Zusicherung im Kreditvertrag aufgenommen (vgl. Abschnitt 4.6.1 Financial Covenants).

4.5.3 Die rechtliche Due Diligence

Die **Legal Due Diligence** dient der Identifikation von Risiken, die sich insbesondere aus der eigentums- und verwaltungsrechtlichen Situation der Immobilie, als auch aus sonstigen Verträgen ergeben können, die im Zusammenhang mit der Immobilie stehen. Neben der Eigentumsstellung sind vorhandene Einschränkungen hinsichtlich der Verfügungsmöglichkeiten bezüglich der Immobilien aufgrund eventueller Exit-Strategien für die Bank von Interesse (vgl. Busch 2007: 412).

Im Rahmen der Legal Due Diligence ist im Auftrag der C.S. Bank ein interdisziplinäres Team bestehend aus Rechtsanwälten, Wertermittlern, Spezialisten für Sonderimmobilien und Sachverständigen aus dem Bereich Umwelt und Facility Management tätig. Um ein sicheres Zusammenwirken zu ermöglichen, wird auf Basis überlassener Checklisten seitens der C.S. Bank ein Datenraum[27] erstellt. Basierend auf den erforderlichen Informationen werden folgende Maßnahmen und Analysen durchgeführt:

Vollständiges Immobilien-Kataster

Für das Team der C.S. Bank gilt es zunächst, ein vollständiges Immobilen-Kataster der zu finanzierenden Portfolios anzulegen. Als Quelle für die Bestandsaufnahme dient hierzu die Datenbank der ObjektCo, welche dann durch eine Grundbuch-Einsichtnahme verifiziert wird. Das Grundbuch gibt Auskunft über Eigentumsverhältnisse, sonstige dingliche Rechte, die jeweiligen dinglichen Belastungen wie etwa Dienstbarkeiten, Leitungsrechte, Vorkaufsrechte aber auch Hypotheken und Grundschulden (vgl. Berens et al. 2008: 37 f.). So erkannte Risiken führen im Falle der ObjektCo zu separaten Garantievereinbarungen bzw. zur Reduzierung des Finanzierungsvolumens, verbunden mit einem Preisaufschlag für Finanzierungskosten.

Alt- und Baulasten

Angesichts der z. T. erheblichen Kostenfolgen im Fall von Beseitigungspflichten wird seitens der Gutachter des Due Diligence Teams insbesondere auf eventuell vorhandene Gebäudeschadstoffe sowie auf die mögliche Kontamination von Grundstücksflächen mit Altlasten geachtet.

---

[27] Im sogenannten **Data-Room** erfolgt die Analyse der zur Einsicht geforderten Daten. Hierzu zählen im Allgemeinen neben den Handelsregister- und Grundbuchauszügen, wichtige Verträge aller Art sowie Informationen über laufende und drohende Rechtsstreitigkeiten (vgl. Raupach 2007: 210).

Insbesondere Kosten für Sanierungsmaßnahmen, Nutzungseinschränkungen sowie eingeschränkte Verfügungsmöglichkeiten über die Immobilie bzw. Einschränkungen für eventuelle Exit-Strategien der C.S. Bank beeinflussen hier maßgeblich den Finanzierungswert des Portfolios (vgl. Berens et al. 2008: 465 f.). So werden beispielsweise bei verschiedenen Gewerbeimmobilien mit Verdacht auf Altlastenkontamination die Sanierungskosten mit einem prozentualen Abschlag bei der Ermittlung des Finanzierungswertes berücksichtigt.

Baulasten sind öffentlich-rechtliche Verpflichtungen des Grundstückseigentümers gegenüber der Baubehörde, die nicht im Grundbuch, sondern im Baulastenverzeichnis eingetragen sind (vgl. LBO 2007: § 71, § 72). Beispiele hierzu sind Leitungs-, Zufahrts- oder Abstandsbaulasten. Da eingetragene Baulasten mitunter die Nutzbarkeit der Objekte wesentlich einschränken oder auch erweitern können, ist es notwendig, für alle Grundstücke bei den jeweiligen Städten/Gemeinden eine Bescheinigung über Art und Umfang der jeweiligen Baulast zu beantragen.

Vertragsprüfung
Schwerpunktmäßig erfolgt eine Überprüfung der bestehenden **Miet- und Pachtverträge** sowie deren Werthaltigkeit. Maßgebliche Aspekte sind die zu beachtenden Formerfordernisse, die Kündbarkeit des Vertrages, die Höhe der auf die Mieter umgelegten Betriebskosten sowie die Miethöhe (vgl. Busch 2007: 412 f.). Neben der Prognose der zukünftigen Mieteinnahmen spielen die Risikofaktoren im Sinne der zukünftigen Beeinflussung der Rendite eine wesentliche Rolle für die nachhaltige Finanzierbarkeit der Objekte. Risiken, die sich nur indirekt in den bestehenden Mietverträgen wiederspiegeln sind das Mietausfallrisiko, das Anschlussvermietungsrisiko, das Optionsausübungsrisiko und Kündigungsrisiko (vgl. Bender 2007: 276). Untersucht werden auch bereits erfolgte und anstehende Mietminderungen sowie laufende Prozesse über Mietstreitigkeiten. Hierzu ist es notwendig, sämtliche Mieterakten zu sichten, zu strukturieren und im Data Room zu hinterlegen.

Zu den **Service- und Dienstleistungsverträgen** gehören neben den branchenüblichen Versicherungsverträgen wie Gebäudeversicherung, Gebäudehaftpflicht und Bauwesenversicherung auch Verträge mit Versorgungsunternehmen, Facility Management-Verträge, Wartungsverträge für technische Anlagen, Verträge mit Dienstleistungsunternehmen wie Hausmeister-, Sicherheitsfirmen etc.. Untersucht werden Rechtswirksamkeit, Kündigungsmöglichkeiten, Vertragsbedingungen und -laufzeiten.

4.5.4 Die steuerliche Due Diligence

Im Rahmen des **Tax Due Diligence** werden die steuerlichen Aspekte der Immobilientransaktion zwischen der Alpha Ges. und der ObjektCo sowie damit verbundene Auswirkungen auf erwirtschaftete Bruttoerträge und sich gegebenenfalls ergebende Steuerbelastungen für die Kapitalgeber untersucht. Je größer die Steuerlast ist, desto geringer ist letztlich die Nettorendite. Hierbei ist nicht nur auf die Steuerbelastungen zu achten, die auf Ebene der Objekte selbst und der Objektgesellschaft anfallen, vielmehr wird auch auf vertragliche Regelungen und Vereinbarungen Wert gelegt, die möglichst resistent sind gegen Veränderungen der durch die Gesetze vorgegebenen steuerlichen Rahmenbedingungen. Bedingt durch eine Vielzahl von Steuerreformen in den letzten Jahren ist das Vertrauen internationaler Kapitalgeber hinsichtlich der Aspekte „Rechtssicherheit" und „Verlässlichkeit des Steuersystems" deutlich gesunken. Das empfundene Steueränderungsrisiko findet seinen Ausdruck in der Forderung nach Verstärkung der Sicherheiten und einem höheren Risikoaufschlag (vgl. Hamberger 2007: 358; Empert, Vehrkamp 2006: 207 f.). Aufgabe der steuerlichen Due Diligence ist es, diesen negativen Effekten entgegenzuwirken.

Die Untersuchungsfelder und Arbeitsschritte des Tax Due Diligence leiten sich ab aus dem Ziel, die Gesamtheit der steuerlichen Situation zu erfassen, dabei Risiken zu identifizieren und deren sachgerechte Behandlung in Verträgen zu regeln (vgl. Berens et al. 2008: 423). Dabei wird im Fall der Alpha Ges. und ObjektCo unter Einsatz von externen Beratern wie Rechtsanwälten, Wirtschaftsprüfern und Steuerberatern auch darauf hingearbeitet, Chancen zur steueroptimalen Integration der Objektgesellschaft in den Unternehmensverbund zu identifizieren. Folgende Steuerarten gilt es hierbei zu untersuchen:

- Grunderwerbsteuer (betrifft den Verkauf der Immobilien an die Objektgesellschaft),
- Umsatzsteuer (z.B. Rückerstattungsrisiken im Zusammenhang mit bereits in Anspruch genommenem Vorsteuerabzug),
- Gewerbesteuer (insbesondere die gewerbesteuerliche Hinzurechnung von Dauerschuldzinsen).

Im Mittelpunkt der steuerlichen Due Diligence stehen die jeweiligen Risikotreiber. Im Rahmen dieser Veröffentlichung werden Bezug nehmend auf die o.g. Steuerarten einige wesentliche Risiken kurz dargestellt.

Nachfolgende Steuerrisiken werden von den zuständigen Wirtschaftsprüfern und Steuerberatern auch unter dem Gesichtspunkt der Haftungsregelung nach § 75 Abgabenordnung untersucht. Gemäß § 75 AO haftet neben dem Veräußerer der Erwerber für Steuerlasten aus dem erworbenen Betrieb (vgl. AO 2009). Eine Betriebsübernahme i.S. d. § 75 Abgabenordnung liegt nach neuerer Rechtssprechung im Regelfall bereits dann vor, wenn eine einzelne Immobilie mitsamt eines Mietvertrags erworben wird (vgl. Hamberger 2007: 362). Die Haftung des Erwerbers für Steuerschulden ist jedoch in sachlicher, zeitlicher sowie finanzieller Hinsicht beschränkt (vgl. AO 2009). In sachlicher Hinsicht beschränkt § 75 AO die Haftung auf Betriebssteuern, das sind insbesondere die Gewerbesteuer und Umsatzsteuer. Zeitlich beschränkt sich die Haftung auf das letzte, vor der Übereignung liegende Kalenderjahr. Ferner ist die Haftung auf den Bestand des übernommenen Vermögens beschränkt (vgl. Berens et al. 2008: 425). Die Haftung nach § 75 AO kann durch vertragliche Vereinbarungen nicht ausgeschlossen werden (vgl. Hamberger 2007: 362).

Beim Verkauf der Immobilien (Asset Deal) der Alpha Ges. an die ObjektCo ist es notwendig, Steuerbelastungsvergleiche im Hinblick auf die geforderte Unternehmensstruktur zu überprüfen und eventuelle Alternativstrukturen aufzuzeigen, bei denen auch die durch verschiedene Reorganisationsmöglichkeiten verursachten Opportunitätskosten (z.B. Notarkosten, Beraterhonorare, Grunderwerbsteuer, Ertragsteuern aus der Aufdeckung stiller Reserven, Möglichkeiten zur Nutzung von Verlustrechnungen etc.) Berücksichtigung finden. Hierfür können im Fall der **Grunderwerbsteuer** Steuergestaltungsmaßnahmen genutzt werden, die bereits im Zusammenhang der Rechtsformwahl für die Objektgesellschaft in Abschnitt 4.3.2 kurz dargestellt wurden.

Bei der **Gewerbesteuer** ist insbesondere auf die gewerbesteuerliche Hinzurechnung von Dauerschuldzinsen nach § 8 Nr. 1 GewStG zu achten. Dies bedeutet, dass die Hälfte der Zinsen für langfristige Darlehensverbindlichkeiten dem Gewinn aus Gewerbebetrieb hinzuzurechnen sind (vgl. GewStG 2009). Aufgrund der immens hohen Zinsbelastung finanzierter Immobilienobjekte hat diese Hinzurechnungsregelung enormen Einfluss auf die Gewerbesteuerbelastung des immobilienbesitzenden Unternehmens. In diesem Zusammenhang ist es dringend erforderlich, die Anwendbarkeit der erweiterten gewerbesteuerlichen Grundstückskürzung nach § 9 Nr. 1 S. 2 GewStG zu prüfen, welche die Auswirkungen der Hinzurechnungsvorschrift wieder kompensiert (vgl. GewStG 2009).

Bei der **Umsatzsteuer** besteht ein detaillierter Prüfungsbedarf hinsichtlich der empfangenen Vorsteuererstattungen, wenn aufgrund bereits getätigter Investitionen (z.B. Baukosten, nachträgliche Herstellkosten) hohe Vorsteuerbeträge geltend gemacht wurden und sich hieraus Änderungen der Nutzungsart der Immobilien ergeben. Demnach müssen nach § 15a UStG bei Änderung der ursprünglich maßgeblichen Verhältnisse die bereits erhaltenen Vorsteuerbeträge anteilsmäßig (10-Jahres-Zeitraum) an das Finanzamt zurückerstattet werden (vgl. UStG 2009). Besondere Aufmerksamkeit erfordern dabei die Rückerstattungsrisiken, die aus einer Schwerpunktbildung (Klumpenrisiken) resultieren. Verhältnismäßig hohen Investitionen in wenige Objekte ist hierbei besonderes Augenmerk zu geben, da sie in diesem Zusammenhang schnell Liquiditätsrisiken auslösen können (vgl. Bender 2007: 272).

Die Berücksichtigung der Ergebnisse der steuerlichen Due Diligence erfolgt im Darlehensvertrag mithilfe von speziell auf die Steuerart abgestimmten Haftungs- und Gewährleistungsklauseln. Diese werden als Auszahlungsvoraussetzung im Darlehensvertrag im Wesentlichen wie folgt festgeschrieben:

- die Darlehensnehmerin wird entsprechende Nachweise erbringen, dass alle Steuern unverzüglich bei Fälligkeit bezahlt werden,
- die Darlehensnehmerin erfüllt alle Voraussetzungen für die erweiterte Kürzung nach § 9 Nr. 1 Sätze 2 – 5 GewStG,
- es bestehen keine Steuerrückstände im Sinne des § 75 AO,
- die Darlehensnehmerin ist kein Teil einer steuerlichen Organschaft im Sinne des Gewerbe-, Körperschafts- oder Umsatzsteuerrechts,
- die Darlehensnehmerin verpflichtet sich, ein Steuerreservekonto bei der Darlehensgeberin einzurichten, welches durch den Kreditservicer treuhänderisch verwaltet wird.

4.5.5 Die technische Due Diligence

Im Rahmen eines vollständigen Prüfungsprozesses ist neben den wirtschaftlichen, finanzierungsspezifischen, rechtlichen und steuerlichen Aspekten ebenso eine Einschätzung der Architektur und der gebäudetechnischen Systeme notwendig. Ziel einer **Technical Due Diligence** ist eine unabhängige Analyse und wirtschaftliche Bewertung des gegenwärtigen Bauzustandes der Immobilien. Hierbei handelt es sich nicht um ein Gutachten, sondern um eine fachkundige Darstellung und Beurteilung des Objekts, der Beschaffenheit und des Investitionsbedarfs zur Wiedererlangung der ursprünglichen baulichen Qualität bzw. Erhaltung des gegenwärtigen Zustandes (vgl. Tietje, et al. 2007: 422).

In Anbetracht des knappen Zeitraumes von 2-3 Kalenderwochen ist es bei einem so differenzierten und umfangreichen Portfolio wie im vorliegenden Fall weder möglich noch zweckmäßig eine Begehung und Bewertung aller Objekte durchzuführen. Um den Aufwand für die Objektbegehung und Detailbewertung zu optimieren, erfolgt daher zunächst eine Analyse und Segmentierung des Immobilienportfolios. Hierzu wird die Grundgesamtheit aller Objekte nach unterschiedlichen Kriterien sortiert. In einem ersten Schritt wird das Gesamtportfolio nach Standorten unterteilt. Die Objekte werden den jeweiligen Bundesländern, hier Baden-Württemberg, Bayern, Berlin, Mecklenburg-Vorpommern oder Nordrhein-Westfalen zugeordnet. Ein weiteres Segmentierungskriterium ergibt sich durch die Nutzungsart. Hier wird nach Wohnimmobilien, Handels-, Büro- und Gesundheitsimmobilien unterschieden. Anschließend erfolgt eine Differenzierung nach Objekteigenschaften wie Größe, Wert, Alter, Ausstattung, etc.. Abbildung 24 stellt die drei Haupt-Diversifikationsmöglichkeiten (Dimensionen) von Immobilienportfolios mit Untergliederungsbeispielen dar (vgl. Tietje, et al. 2007: 426; Thomas, Wellner 2007: 109).

Standorte
- international
- national
- lokal

Nutzungsarten
- Büro
- Handel
- Logistik
- Wohnen
- Sonstiges

Objekteigenschaften
- Größe
- Wert
- Alter
- Ausstattung
- Zustand
- etc.

Abbildung 24: Diversifikationsmöglichkeiten von Immobilienportfolios (Quelle: Eigene Darstellung in Anlehnung an Thomas, Wellner 2007: 109)

Die detaillierte Einzelbewertung der Immobilien nimmt erhebliche Zeit und Ressourcen in Anspruch. Um innerhalb der engen zeitlichen Vorgaben eine große Anzahl von Objekten bewerten zu können, ist eine Vereinfachung der Vorgehensweise unumgänglich. Abweichend hiervon kann jedoch bei ertragsstarken Einzelobjekten auf eine detaillierte Einzelbewertung nicht verzichtet werden. Die eingesetzten Verfahren erstrecken sich dementsprechend von der aggregierten Einzelbewertung bis hin zum Stichprobenverfahren (vgl. Greiner, Dildei 2007: 186).

Um die vorliegende Untersuchung in einem quantitativ annehmbaren Rahmen zu halten, beschränkt sich die folgende Betrachtung auf ein Portfolio von Gesundheitsimmobilien. Dieses Teilportfolio wird nach den oben vorgestellten Dimensionen, hier Nutzungsart und Objekteigenschaften, ausgewählt. Die hohe Ertragsstärke dieses Teilsegmentes, verbunden mit einem hohen Mietausfall- und Anschlussvermietungsrisiko kann die gesamte Transaktion in Frage stellen (sog. Deal Breaker). Daher ist eine intensive technische Untersuchung erforderlich, wie sie im folgenden Unterpunkt „Aggregierte Einzelbewertung" beschrieben wird.

- **Aggregierte Einzelbewertung**

Die aggregierte Einzelbewertung entspricht einer gutachterlichen Einzelbewertung für eine Vielzahl gleichartiger Objekte, bei denen vollständige Vorortbesichtigungen durchgeführt werden (vgl. Greiner, Dildei 2007: 187). Im hier behandelten Fall werden insbesondere Spezialimmobilien wie Pflegeheime, Krankenhäuser, Hotels und Gewerbeobjekte begutachtet. Der hohe Kosten- und Zeitaufwand rechtfertigt sich aufgrund des erhöhten Ausfallrisikos bei Spezialimmobilien.

Im vorliegenden Fall wird der Aufbau eines Technischen Due Diligence anhand eines Teilsegments, bestehend aus 4 Pflegezentren und einer Intensivklinik mit einem Anteil an den Gesamtmieteinnahmen in Höhe von ca. 19% beschrieben. Insgesamt soll hierbei ein hoher Sicherheitsgrad des Prüfungsergebnisses erreicht werden.

Bei den Untersuchungen handelt es sich um reine „Sichtprüfungen". Es werden keine Funktionsprüfungen der Architektur bzw. der technischen Anlagen (z.B. von Notrufanlagen, Aufzugsanlagen etc.) durchgeführt. Während der Untersuchung wird darauf geachtet, dass es zu keiner Beeinträchtigung der Betriebsabläufe kommt.

Um eine ausreichend genaue technische Prüfung der Immobilien durchführen zu können, ist es im Vorfeld notwendig, dass alle zur Verfügung stehenden Objekt-Dokumente (Baubeschreibungen, Baugenehmigungen, Pläne, Wartungsunterlagen, Mietverträge etc.) zur Verfügung stehen. Für die Befragung und Begehung vor Ort stehen Objekt-/Facility-Manager, Bauingenieure und der technische Leiter der Asset Ges. zur Verfügung.

Technisch untersucht werden die Objekte im Hinblick auf den baulichen- und vorbeugenden Brandschutz, den Bauzustand, die architektonischen und konstruktiven Aspekte, die Qualität des Gebäudes einschließlich seiner gebäudetechnischen Anlagen sowie auf Umweltbelastungen (Gebäude- und Innenraumschadstoffe). Voraussetzung hierfür ist

- die Untersuchung der Objekte durch einen Architekten/Bauingenieur, Sachverständigen für Bau- und Altlasten sowie einen Gebäudetechniker mit Spezialkenntnissen in der Krankenhaustechnik.
- die Auswertung und Verwaltung der zur Verfügung gestellten Objektdaten.

Folgende Leistungsbereiche werden im Einzelnen untersucht:

- Analyse in Bezug auf Beschaffenheit und Ausstattung:
    - Größe und Ausstattung der Zimmer
    - Eignung der Räume
    - Technische Ausstattung
    - Medizinische Ausstattung
    - Parkplätze, Kellerflächen
    - Möglichkeiten für Sondernutzung

- Elektro- und Gebäudetechnik
- Gebäudeschäden, Renovierungsstau
- Öffentlich-rechtliche Prüfung einschließlich Brandschutz und Energieeffizienz
- Anlagenzustand und Anlagensicherheit
- Ermittlung möglicher weiterer Kosten für Instandsetzung, Aufwertung, Umrüstung oder Umnutzung der Immobilie für einen kurz- (unmittelbar), mittel- (2-4 Jahre) und langfristigen (6-10 Jahre) Zeitraum, gegliedert nach Dach, Fassade, technischer Gebäudeausstattung und Außenanlagen.
- Technische Untersuchung der Möglichkeiten einer Nutzungsänderung
- Umwelttechnische Prüfung [Environmental Due Diligence (vgl. Berens et al. 2008: 552)]
    - Boden- und Grundwasserbelastungen
    - Gebäude- und Innenraumschadstoffe
    - Energie- und Ressourcenverbrauch
    - Standortbezogene Zusammenstellung der umweltrelevanten Gesetze und Verordnungen
    - Problemfelder bei Gebäuderückbau
    - Bausubstanz und Bauphysik
    - Umweltverträgliche Baumaterialien
- Genehmigungskonformität der bestehenden Situation
- Ergänzung des bestehenden Datenbestandes auf Basis der gesammelten Daten und Ergebnisse.

Abschließend wird eine Bewertung des Erhaltungszustandes und der Ausstattungsqualität vorgenommen und auf Grundlage des für den Prognosezeitraum von 10 Jahren ermittelten Instandsetzungsbedarfs gegliedert (s. Tabelle 2).

Teilsegment Health Care Immobilien (Übersichtdarstellung) Instandsetzugsbedarf (Prognosezeitraum 10 Jahre)								
Verwaltungseinheit	Stand-ort	Tragwerk/ Dach	Fassade	Ausbau	Technische Ausstattung	Außen-anlage	Umwelt-situation	Gesamt-bewertung
Pflegezentrum 101	BY	2	3	3	2	1	2	gut
Pflegezentrum 102	BW	2	2	2	2	2	2	gut
Pflegezentrum 103	BW	3	4	3	3	2	2	mittel
Pflegezentrum 104	BE	3	3	3	2	2	2	mittel
Klinik 201	BE	1	1	1	1	1	2	bes. gut
1 = besonders gut gepflegt (neuwertig ohne Instandsetzugsbedarf)								
2 = gut gepflegt (geringer Instandhaltungsbedarf, ohne sep. Budget)								
3 = mittel gepflegt (Instandsetzugsbedarf vorhanden, Reparatur notwendig)								
4 = schlechter Zustand (Sanierung notwendig und Instandsetzugsbedarf vorhanden)								
5 = sehr schlechter Zustand (neues Bauteil erforderlich, Komplettsanierung)								

Tabelle 2: Instandsetzungsbedarf Health Care (Quelle: Eigene Darstellung)

- **Stichprobenverfahren**

Wie oben bereits erläutert, muss der gesamte Immobilienbestand relativ schnell, aber dennoch hinreichend genau bewertet werden. Eine detaillierte Individualbewertung der Einzelobjekte ist wirtschaftlich meist nicht vertretbar. Die Bewertung von großen homogenen Teilportfolios wird daher mittels eines statistischen Verfahrens approximiert (vgl. Greiner, Dildei 2007: 187). Vorab erfolgt eine sinnvolle Clusterung der Objekte. Im Fall der Alpha Ges. wird ein Bestand in Rostock, der sich aus ca. 2500 Wohneinheiten (60 Gebäude) zusammensetzt, sowie ein Bestand in Nordrhein-Westfalen, der ca. 1000 WE (60 Gebäude) umfasst, welche sich in Bochum, Bonn, Düsseldorf, Duisburg, Essen, Mülheim an der Ruhr und Oberhausen befinden, stichprobenartig begutachtet.

Wohnimmobilien Portfolio (Bestand der Untersuchungsobjekte)								
	Altbau (bis 2000)						Neubau (ab 2000)	∑
	Konventionell			Plattenbau				
Ort (OT=Ortsteil)	un-saniert	teil-saniert	voll-saniert	un-saniert	teil-saniert	voll-saniert		
Spalte1	Spalte2	Spalte3	Spalte4	Spalte5	Spalte6	Spalte7	Spalte8	Spalte9
Rostock								
OT Schmarl				4	1	1		6
OT Dierkow				10	8	6		24
OT Groß Klein				17	10	3		30
NRW								
Bochum		1						1
Bonn		1						1
Düsseldorf		1						1
Duisburg	2	7	9					18
Essen		1						1
Mülheim	3	12	2					17
Oberhausen		21						21
∑ Zustand	5	44	11	31	19	10		120
∑ Bauweise	**60**			**60**			**0**	**120**

Tabelle 3: Strukturierung der Untersuchungsobjekte (Quelle: Eigene Darstellung)

Im Stichprobenvefahren sind zunächst Objektdaten wie Gebäudetyp, Baujahr, Fläche, Geschosszahl, Modernisierungsgrad, Außenanlagen und Instandhaltungsaufwendungen der letzten Jahre zu erfassen. Das Due Diligence Team überprüft darauf hin die Aktualität, Vollständigkeit und Plausibilität der übergebenen Daten. Anschließend wird ein Teilsegment (z.B. „Plattenbau Rostock") in die Cluster „Gebäude mit bekannten Risiken und Schäden", „unzureichende Informationsgrundlagen" sowie „Objekte mit umfangreichem Dokumentationsgrad" und „geringem Risikopotential" aufgeteilt (vgl. Tietje, et al. 2007: 422). Aus jedem Cluster werden eine oder mehrere Stichproben gezogen und in Form einer Einzelbewertung (s. aggregierte Einzelbewertung) untersucht. Die Ergebnisse der Einzelobjekte werden auf die einzelnen Cluster hochgerechnet und anschließend zur Gesamtbewertung des Portfolios aggregiert. Die verbleibenden Ungenauigkeiten der Analysen und Prognosen werden aufgrund der Homogenität der Segmente auf ein kalkulierbares Risiko minimiert (vgl. Greiner, Dildei 2007: 192).

4.5.6 Cash-flow der Transaktion

Auf Grundlage der Ergebnisse der Due Diligence erfolgt die Erarbeitung des endgültigen Finanzierungsmodelles. Die Vorhersagbarkeit und die Nachhaltigkeit des künftigen Cash-flow ist hierbei von zentraler Bedeutung.

Im Rahmen der Transaktion werden
- Cash-flow Analysen mit verschiedenen Szenarien vorgenommen,
- sämtliche, den Cash-flow beeinflussende Größen (Mietsteigerungspotential, Ausfallrisiken, Betriebskostenentwicklung etc.) angemessen berücksichtigt,
- die Cash-flow Szenarien entsprechend der später tatsächlich eintretenden Entwicklung laufend angepasst (vgl. DIIR, 2002: 156).

Abbildung 25 zeigt am Beispiel einer Immobilie die notwendigen Analyseschritte unter Einhaltung der „gebotenen Sorgfalt".

Mieteinkünfteszenario
- Mieteinkünfte: Auslauf bankunterlegter Mietgarantie in 2009 (Abschlag 15% auf Nettomieteinkünfte)
- Mietsteigerung: Indexierung 2,5%
- Anschlussvermietung bei Vertragsablauf: 6 Monate Leerstand aller Flächen und Anschlussvermietung zu 85% der aktuell vereinbarten Miete.
- 3,5 % nicht umlagefähige Nebenkosten

Investitionsszenario
- Gutachten: technischer Due Diligence (Modernisierungsaufwand für 10 Jahre)
- Renovierung bei Leerstand 15% der Anschaffungskosten
- Abschlag für gesetzliche Auflagen (z.B. Energiepass, Baulastenverzeichnis, Denkmalschutz)

sonstige Szenarien
- Abschlag für Mieter bestimmter Branchen
- Abschlag für Großmieter
- Abschlag für "schlechte Lage" und fehlende Drittverwendungsfähigkeit
- sonstige Abschläge

Abbildung 25: Objektszenarien (Quelle: Eigene Darstellung in Anlehnung an Lauer 2008: 73 f.)

Aus der Mietvertragshochrechnung, dem Nettomieteinkünfteszenario, dem Investitionsszenario und den sonstigen liquiditätswirksamen Annahmen entwickelt sich die Cash-flow Planung. Jene ermöglicht eine Einschätzung, welche Beträge in den einzelnen Jahren der beabsichtigten Finanzierungszeit für den benötigten Kapitaldienst zur Verfügung stehen.

Portfoliosegmentierung → Mietvertragshochrechnung → Objektszenarien (Mieteinkünfteszenario, Investitionsszenario, sonstige Szenarien) → Free-Cash-flow-Planung

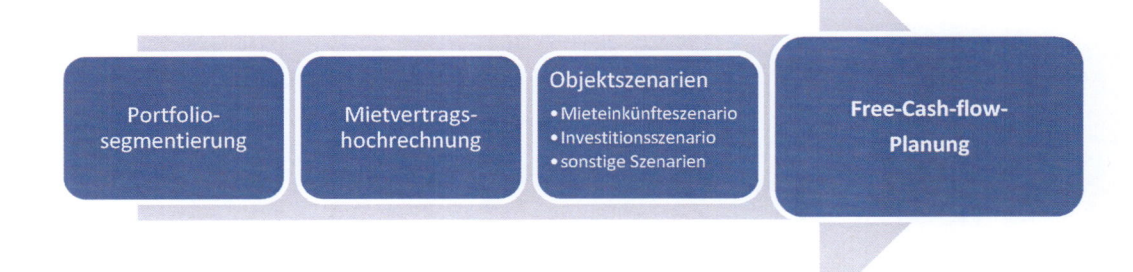

Abbildung 26: Schritte zur Free-Cash-flow Planung (Quelle: Eigene Darstellung)

4.5.7 Zwischenfazit

Die Due Diligence Real Estate ist ein wesentlicher Teil des Kreditratings. Betrachtet wird neben dem Bonitätsrisiko des Fremdkapitalgebers auch die Finanzierungskraft des Kreditnehmers. Während das Bonitätsrisiko in der Interaktion zwischen Gläubiger und Schuldner jenes Risiko darstellt, wonach der Kreditnehmer Zins- und Tilgungszahlungen nicht zum vereinbarten Zeitpunkt und/oder im vereinbarten Umfang leistet, stellt die Finanzierungskraft die entscheidende Basis für den Kreditspielraum dar. Aufgabe des Due Diligence Real Estate ist es, durch die Beschaffung und die Aufbereitung von Informationen das Chancen- und Risikopotential der Immobilie bzw. des Immobilienportfolios aufzuzeigen und eine fundierte Verhandlungsgrundlage zu schaffen.

Nach erfolgreicher Durchführung des Due Diligence sowie Festlegung des Kreditrahmens und des Finanzierungspreises gilt es, den Vertrag über die Finanzierung zu gestalten. Die Einhaltung der ursprünglichen Planung wird durch die Festlegung von Verhaltensregeln (Covenants) für die zukünftige Laufzeit des Kreditvertrages erreicht.

4.6 Covenants

Der **operationale Teil** der Transaktion beginnt nach Unterzeichnung des Finanzierungsvertrages und mit der Emission der Wertpapiere am Kapitalmarkt. Ab diesem Zeitpunkt werden die Zahlungsströme aus dem Free-Cash-flow der ObjektCo dazu aufgewendet, die Zinsen und die Tilgung an die Investoren zu bezahlen. Die Steuerung des Kredites erfolgt typischerweise durch sogenannte **Covenants**. Diese Erklärungen, welche bestimmte Verpflichtungen des Kreditnehmers regeln, werden in der anglo-amerikanisch gebräuchlichen Kreditvertragspraxis, aber inzwischen auch in der Bundesrepublik Deutschland, verwendet (vgl. Rösler et al. 2002: 196). Covenants lassen sich als Kapitalstrukturauflagen beschreiben, welche einerseits ständig die Situation des Kreditnehmers überprüfen, um eine Sicherheitenverschlechterung frühzeitig zu erkennen (vgl. Lauer 2008: 52) und anderseits dem Kreditnehmer spezifische Verhaltenspflichten auferlegen. Sie tragen somit zur Senkung des Kreditrisikos bei, indem sie finanzielle Disziplin vom Kreditnehmer einfordern.

Covenants gehören zu den wirkungsvollsten Instrumenten der Kreditgeber, auf die Kreditnehmer Einfluss zu nehmen. Grundsätzlich können

- positive Covenants, also die Verpflichtung, bestimmte Dinge zu tun und
- negative Covenants, also die Verpflichtung, bestimmte Dinge zu unterlassen,

unterschieden werden (vgl. Hockmann, Thießen 2007: 306). Die Wirksamkeit der Covenants ist an die ständige Überprüfung der Einhaltung der vertraglichen Verpflichtungen geknüpft.

Darüber hinaus kann man sogenannte harte und weiche Covenants unterscheiden. Harte Covenants lösen unmittelbar einen Default, d.h. eine Vertragsverletzung mit außerordentlicher Kündigungsmöglichkeit für die finanzierende Bank aus, während bei weichen Covenants eine Nachfrist zur Behebung vereinbart wird (vgl. Zierke 2007: 570). So besitzt der Kreditgeber die Möglichkeit, im Fall der Verletzung der vertraglichen Regelungen den Kredit vorzeitig zurückzufordern.

Die hohe Anzahl unterschiedlicher Arten und Bezeichnungen von Covenants sowie ihre gegenseitigen Verflechtungen erschweren ihre systematische Abhandlung (vgl. exemplarisch Fahrholz 1998: 276; Hockmann, Thießen 2007: 278; Lauer 2007: 570; Rösler et al. 2002: 198).

Dennoch konnten im vorliegenden Fall folgende drei Arten von Covenants mit unterschiedlicher Bedeutsamkeit identifiziert werden:

- Financial Covenants
- Information Covenants
- General Covenants

Im Folgenden werden die wichtigsten Verpflichtungen der ObjektCo vorgestellt.

4.6.1 Financial Covenants

Financial Covenants (auch als Cover ratios bezeichnet) stellen im Rahmen von Unternehmensfinanzierungen den wesentlichen Teil von Covenants dar. Sie beziehen sich auf die wirtschaftliche und finanzielle Situation des Kreditnehmers und verpflichten diesen, festgelegte Zielwerte einzuhalten bzw. zu erreichen. Hierbei handelt es sich um Finanzkennziffern, die als Indikatoren zur Früherkennung von Krisen in der betriebswirtschaftlichen Sphäre des Kreditnehmers dienen (vgl. Hockmann, Thießen 2007: 306; Haghani et al. 2008: 5). D.h. Financial Covenants stellen sicher, dass die künftigen Vermögens-, Finanz- und Ertragsmindestanforderungen, welche durch exakte Grenzwerte in den Kreditverträgen vereinbart sind, erreicht werden.

Somit verpflichtet sich die ObjektCo am Ende eines jeden Finanzquartals folgende Zielwerte zu erreichen und nachzuweisen:

- **Schuldendienstdeckungsvereinbarung (<u>D</u>ebt <u>S</u>ervice <u>C</u>over <u>R</u>atio)**

Der tatsächliche Schuldendienstdeckungsgrad (Ex post) und der prognostizierte Schuldendienstdeckungsgrad (Ex ante) müssen jeweils **mindestens 120%** betragen. Der Schuldendienstdeckungsgrad berechnet sich aus dem Verhältnis des erzielten bzw. erwarteten Mietreinertrages[28] zum Gesamtbetrag aus Zins und Tilgung für den maßgeblichen Zeitraum (s. **Anhang 6**).

$$DSCR = \frac{Mietreinertrag}{(Zins + Tilgung)}$$

---

[28] Genaue Vertragliche Definition „Mietreinertrag" s. **Anhang 6**.

Die oben bestimmten Schuldendienstdeckungsverhältnisse werden jeweils am Ende eines jeden Kalenderquartals vom Servicer der C.S. Bank überprüft. Zu diesem Zweck verpflichtet sich die Darlehensnehmerin zur Abgabe einer Erfüllungsbescheinigung (s. **Anhang 7**).

- **Zinsdeckungsgrad (Interest Cover Ratio)**

Ausgangspunkt zur Berechnung des Zinsdeckungsgrades ist hier der Netto Cash-flow (Mietreinertrag) aus der Immobilie (also nach Abzug sämtlicher Kosten und vor Abzug der Finanzierungskosten) (vgl. Lauer 2008: 56).

$$ICR = \frac{Mietreinertrag}{Zinsaufwand}$$

Je nach vorgenommener Cash-flow-Projektion[29] können verschiedene Prozentsätze im Verlauf der geplanten Kreditierung vereinbart werden. Entscheidend hierfür ist der angenommene Verlauf der Mieteinkünfte sowie die Struktur der Mietlaufzeiten und die Einschätzung der Wiedervermietbarkeit (vgl. Lauer 2008: 56). Im Fall der ObjektCo wird die Vorgabe der Verhältniszahl (Zielwert) ausschließlich für Spezialimmobilien angewandt. Die ICR dient in diesem Segment als zusätzliches Sicherungsinstrument. Eine logische Konsequenz aus der bereits oben erläuterten Risikostruktur von Spezialimmobilien ist, dass das Verhältnis zwischen Mietreinertrag und Zinsdienst, beispielsweise bei Gesundheitsimmobilien, einen **Deckungsgrad von 150% nicht unterschreiten** darf[30].

---

[29] **Cash-flow-Projektion**: Abschätzung künftiger finanzieller Informationen unter Einbeziehung verschiedener Szenarien (vgl. Alvarez 2004: 263).

[30] Bei sehr gut gelegenen Büro oder Einzelhandelsimmobilien kann ein ICR von 120% ausreichen, bei Hotels oder Verteilerzentren liegen die Werte zwischen 125 und 140% (vgl. Lauer 2008: 57).

- **Cash-flow-Szenario**

Für ein Teilportfolio der ObjektCo, bestehend aus Spezialimmobilien, werden Finanzierungsmittel von € 110 Mio. zur Verfügung gestellt, von denen € 105 Mio. für die Ablösung der auslaufenden Kredite und € 5 Mio. für objektgebundenen Modernisierungsbedarf in Form von treuhänderisch verwalteten Festgeldern verwendet werden.

Prämissen:

- Mietindexierung von 1,5%,
- zzgl. Mietsteigerung aufgrund von Modernisierungsmaßnahmen: 3.- 4. Jahr 3%, 5.- 6. Jahr 4%, ab 7. Jahr 5%
- 12% Bewirtschaftungskosten
- 6% Mietausfallwagnis
- Zinssatz 5,1%, Tilgung 1.- 2. Jahr = 0%, 3.- 4. Jahr = 1,5%, 5. Jahr = 2,5%, Restlaufzeit = 3%.

Cash-flow-Projektion 1:

Unter der Voraussetzung, dass infolge einer erfolgreichen Modernisierung sämtliche Prognosen für Mietsteigerungen realisiert werden, sind alle Mindestanforderungen an die künftige Finanz- und Ertragslage erfüllt (Zinsdeckungsgrad ≥ 150%; Schuldendienstdeckungsgrad ≥ 120%).

TEUR/Jahr		07	08	09	10	11	12	13
Mieteinnahmen		10.300	10.455	10.925	11.417	12.044	12.707	13.533
Betriebsaufwendungen		1.236	1.255	1.311	1.370	1.445	1.525	1.624
Mietausfallwagnis		618	627	655	685	723	762	812
Nettobetriebserfolg		**8.446**	**8.573**	**8.958**	**9.362**	**9.876**	**10.420**	**11.097**
Darlehen		110.000	110.000	108.350	106.700	104.500	102.300	99.550
Zinsdienst		5.610	5.610	5.526	5.442	5.330	5.217	5.077
Tilgung				1.650	1.650	2.750	3.300	3.300
Freier Cash-flow nach Finanzierung		**2.836**	**2.963**	**1.783**	**2.270**	**1.797**	**1.902**	**2.720**
Zinsdeckungsgrad	*(ICR)*	*151%*	*153%*	*162%*	*172%*	*185%*	*200%*	*219%*
Schuldendienstdeckungsgrad	*(DSCR)*	*151%*	*153%*	*125%*	*132%*	*122%*	*122%*	*132%*
Kapitaldienstfähigkeit		*7,7%*	*7,8%*	*8,3%*	*8,8%*	*9,5%*	*10,2%*	*11,1%*

Tabelle 4: Cash-flow-Szenario-1 Spezialimmobilien (Quelle: Eigene Darstellung)

Die Instandhaltungskosten und Modernisierungsmaßnahmen belasten hierbei nur indirekt über Zins und Tilgung den jährlichen Cash-flow, da sie vollständig von der C.S. Bank finanziert werden.

Cash-flow-Projektion 2:

Im Vergleich hierzu zeigt folgendes Cash-flow Szenario, dass bei Vernachlässigung der erforderlichen Modernisierungsmaßnahmen (s. Due Diligence Abschnitt 4.5 f.) die Mieteinnahmen nicht mehr ausreichen, um die erforderlichen Grenzwerte ab dem Jahr 11 zu erreichen (Zinsdeckungsgrad ≥ 150%; Schuldendienstdeckungsgrad ≤ 120%).

TEUR/Jahr		07	08	09	10	11	12	13
Mieteinnahmen		10.300	10.455	10.611	10.770	10.932	11.096	11.262
Betriebsaufwendungen		1.236	1.255	1.273	1.292	1.312	1.332	1.351
Mietausfallwagnis		618	627	637	646	656	666	676
Nettobetriebserfolg		**8.446**	**8.573**	**8.701**	**8.832**	**8.964**	**9.099**	**9.235**
Darlehen		105.000	105.000	103.425	101.850	99.225	96.075	92.925
Zinsdienst		5.355	5.355	5.275	5.194	5.060	4.900	4.739
Tilgung				1.575	1.575	2.625	3.150	3.150
Freier Cash-flow nach Finanzierung		**3.091**	**3.218**	**1.852**	**2.062**	**1.279**	**1.049**	**1.346**
Zinsdeckungsgrad	*(ICR)*	*158%*	*160%*	*165%*	*170%*	*177%*	*186%*	*195%*
Schuldendienstdeckungsgrad	*(DSCR)*	*158%*	*160%*	*127%*	*130%*	*117%*	*113%*	*117%*
Kapitaldienstfähigkeit		*8,0%*	*8,2%*	*8,4%*	*8,7%*	*9,0%*	*9,5%*	*9,9%*

Tabelle 5: Cash-flow-Szenario-2 Spezialimmobilien (Quelle: Eigene Darstellung)

4.6.2 Non-Financial Covenants

Bisher wurden vorrangig Financial Covenants behandelt die, wie bereits erläutert, die bedeutsamste Untergruppe von Covenants darstellen. Eine andere Gruppe bilden die sog. Non-Financial Covenants (vgl. Lauer 2008: 60 f.), bei welchen man zwischen General- und Information Covenants differenzieren kann.

- **General Covenants**

Aus der Cash-flow Analyse (s. Abschnitt 4.6.1) können sich Risiken ergeben, für die das Kreditinstitut besondere Vorsorge treffen möchte. Solche Zusatzsicherheiten liegen im Bereich der General Covenants, wie z.B.:

- die Verpflichtung des Kreditnehmers, freie Cash-flow Beträge auf ein Treuhandkonto einzuzahlen (s. Beispiel Abschnitt 4.6.3 Sanktionsmechanismen),
- die Verpflichtung, unter bestimmten Voraussetzungen die Mieter eines Objektes anzuweisen, alle Zahlungen direkt auf ein Konto beim Finanzierer zu leisten (vgl. Lauer 2008: 58).

Des Weiteren gehören zu den General Covenants allgemein für die Kreditbeziehung bedeutsame Regelungen wie:

- keine Änderung der Gesellschaftsverhältnisse ohne Zustimmung der Bank,
- Garantie eines bestimmten Versicherungsschutzes,
- Einhaltung von Betriebsgenehmigungen,

- Veräußerungs- und Verfügungsverbote (z.B. Verkauf oder Erwerb von Vermögensgegenständen, Beteiligungen),
- Beschränkung der Geschäftsaktivität auf das Halten von Grundstücken,
- keine weitere Aufnahme von Fremdmitteln ohne Zustimmung der Bank,
- Belastungs- und Verpflichtungsverbote (z.B. Grundpfandrechte, Bürgschaften).

- **Information Covenants**

Information Covenants beziehen sich auf allgemeine Unternehmensdaten sowie auf Finanzinformationen (vgl. Haghani et al. 2008: 5). Vor allem bei Immobilienfinanzierungen kann hierbei auch die teilweise oder vollständige Haftung der Gesellschafter der Objektgesellschaft (s. Abschnitt 4.3.2) eine Rolle spielen. Die Darlehensnehmerin hat hierbei der Darlehensgeberin im Wesentlichen folgende Informationen und Dokumente zur Verfügung zu stellen:

- geprüfte Jahresabschlüsse, Quartalsberichte, Budgets, Liquiditätsberechnungen sowie geprüfte Finanzberichte über die finanzierten Immobilien und über die Gesellschaft,
- Quartalsberichte über Grundstücke einschließlich Mietenentwicklung,
- Geschäfts- und Geldmittelverwendungsplan,
- Business Plan für fünf Jahre,
- alle Informationen über Umstände, welche die finanziellen Verhältnisse der Darlehensnehmerin und der Gesellschafter, den Wert und die Qualität der Grundstücke oder die Fähigkeit der Darlehensnehmerin, ihre Verpflichtungen aus dem Darlehensvertrag zu erfüllen, beeinträchtigen könnten.

4.6.3 Rechtsfolgen bei Covenant-Brüchen

Covenants unterscheiden sich in einem wesentlichen Aspekt von anderen Vertragsbestimmungen: Um ihr Ziel zu erreichen, muss der Verstoß gegen ein solches Covenant genau definierte Rechtsfolgen nach sich ziehen. Daher beinhalten internationale Finanzierungsverträge stets genau ausformulierte Textpassagen, in welchen sämtliche Covenants aufgeführt sind sowie eine ausdrückliche Nennung von Sachverhalten, die als Event of Default deklariert werden und den Darlehensgeber dazu ermächtigen, das Darlehen fällig zu stellen (vgl. Lauer 2008: 60 f). Die inhaltliche Ausarbeitung und Formulierung der Covenants sowie die Nennung ihrer Rechtsfolgen erfolgt bereits in der Phase der Strukturierung (s. Abschnitt 4.4). Damit das Kreditinstitut Covenants nach deren Festschreibung im Kreditvertrag als leistungsfähiges Frühwarnsystem und Risikomanagementsystem für die Laufzeit des Kredit-Engagements nutzen kann, müssen aktuelle Informationen über die Entwicklung des Unternehmens zeitnah und vollständig vorliegen. Für ein effektives Monitoring werden daher die Informationen nicht nur jährlich, sondern auch quartalsweise oder im Fall von Unternehmenskrisen monatlich geprüft (s. Abschnitt 4.3.3) (vgl. Haghani et al. 2008: 7).

Im vorliegenden Fall wurden zahlreiche Sanktionsmechanismen und Kündigungsgründe festgeschrieben, von denen die wichtigsten hier kurz vorgestellt werden.

- **Sanktionsmechanismen**

Der Kreditgeberin steht eine Reihe von Sanktionsmechanismen zur Verfügung, die vom Grad der Bonitätsverschlechterung des Kreditnehmers abhängen. Das folgenreichste Drohinstrument im Fall der Nichteinhaltung von Covenants ist die Kündigung des Kreditvertrages. Daneben existieren aber weitere Mittel in Form von Nachverhandlungen, Einfrieren der Kreditlinie, Konditionsveränderungen, Nachbesicherung der Kreditsumme sowie Zurückbehaltungsrechten, d.h. künftige Raten nicht oder nur verzögert auszahlen (vgl. Haghani et al. 2008: 7 f.). Somit werden dem Kreditnehmer auch häufig Möglichkeiten eingeräumt, Abweichungen von vereinbarten Covenants zu heilen.

Beispiel:
Der Grenzwert für den Schuldendienstdeckungsgrad ist lt. Darlehensvertrag 120%. Ein Kündigungsrecht ist bei 110% im Kreditvertrag festgeschrieben. Bei Werten zwischen 110% und 120% (s. Abschnitt 4.6.1 Tabelle 5) besteht die Pflicht, freie Cash-flow Teile auf ein Treuhandkonto als Sicherheit einzuzahlen. Fällt die Kennzahl für zwei Quartale unter 120%, werden die Guthabenbestände des Treuhandkontos als zusätzliche Tilgung verwendet.

- **Kündigungsgründe**

Kann sich der Kreditgeber nicht mehr auf die vertraglich vereinbarten Rechte berufen, muss aber das Kapital weiterhin überlassen, so wird die dem Finanzierungsvertrag zu Grunde liegende Kalkulation des Risikos gestört (vgl. Servatius 2008: 128). Individualvereinbarte Tatbestände, die eine außerordentliche Kündigung rechtfertigen, sind somit nach § 490 Abs. 1 BGB bzw. gemäß § 490 Abs. 3 i.V.m. § 313 und § 314 BGB zulässig (vgl. BGB 2009), zumal diese Regelung dem Kreditgeber ein Mittel zur Verringerung des Kreditrisikos an die Hand gibt und fehlende oder bewusst nicht gestellte Sicherheiten kompensiert (vgl. Servatius 2008: 128).

Folgende Aufzählung nennt beispielhaft einzelne Kündigungsgründe[31]:

- Zahlungsunfähigkeit, drohende Zahlungsunfähigkeit oder Überschuldung der Darlehensnehmerin.
- Änderung der Unternehmenskontrolle oder sonstiger wesentlicher Gesellschaftsbeteiligungen.
- Bereits abgegebene Zusicherungen oder Gewährleistungen stellen sich als unrichtig oder irreführend heraus.
- Die Darlehensnehmerin wird in einen Rechtsstreit verwickelt, der zu einer wesentlichen Verschlechterung der finanziellen Verhältnisse führt.
- Etc.

4.6.4 Zwischenfazit

Im Gesamten betrachtet wird mithilfe von Covenants eine präventive Kontrollmöglichkeit geschaffen. Einmal vereinbart, sind die Regeln strikt einzuhalten. Innerhalb der einzelnen Unternehmensbereiche muss organisiert werden, welche Unterlagen in welchen Zeitabständen beim Kreditgeber einzureichen sind. Weiterhin bedarf es der Regelung, welche Handlungen bzw. Vorgänge einer Zustimmung des Kreditgebers bedürfen. Um einen geregelten Ablauf zu gewährleisten, bietet es sich an, in Absprache mit allen relevanten Ressorts (Finanzierung, Recht, Technik und Rechnungswesen) eine EDV-gestützte Termindatei aufzubauen.

Bereits bei der Festlegung von Covenants ist darauf zu achten, dass die gewählten Covenants die Besonderheiten der Branche und des Unternehmens berücksichtigen. Neben unvorteilhaft vereinbarten Covenants können auch veränderte Rahmenbedingungen in der Zukunft Einfluss auf die Handlungsfreiheit und somit auf die Vermögens-, Finanz- und Ertragslage haben. Um jedoch Sanktionsauswirkungen, wie erhöhte Kreditkosten und Kündigung des Vertrages zu vermeiden, ist frühzeitig die aktive Kommunikation zwischen allen Beteiligten zu suchen (vgl. Haghani et al. 2008: 22).

---

[31] Auszug aus dem Darlehensvertrag C.S. Bank / ObjektCo.

5 Abschließende Betrachtung und Ausblick

Die deutsche Immobilienwirtschaft hat eine lange eigenständige Tradition. Aus dieser Tradition heraus entwickelte sich der Umgang mit der Immobilie als ökonomisches Gut und dessen Nutzung als Kapitalanlage.

Finanzierungsaspekte sind dabei immer von immenser Relevanz. Sieht sich das Unternehmen aufgrund seiner finanzwirtschaftlichen Lage einem verstärkten Liquiditätsbedarf gegenüber oder verlangt die Unternehmensstrategie in hohem Umfang Investitionen, deren Finanzierung bislang ungeklärt ist, können alternative Finanzierungsvarianten eine Methode zur Realisierung der Unternehmensstrategie sein. Die Einbeziehung von sog. „innovativen Finanzprodukten" kann somit als sinnvolle Ergänzung im Rahmen der Immobilienfinanzierung verstanden werden.

In den vorangegangenen Ausführungen wurde erläutert, dass Immobilieninvestitionen für ein gewerbliches Wohnungswirtschaftsunternehmen von hoher strategischer Bedeutung sind. Nur die Betreiber von Immobilien, die gewährleisten können, dass neben den eigenen ökonomischen Anforderungen an eine Immobilie auch die technischen, ökologischen und sozialen Ansprüche der Mieter verwirklicht sind, werden auf lange Sicht erfolgreich am Markt bestehen und den damit verbundenen strategischen Geschäftsvorteil für sich nutzen können. Jede Kapitalanlage muss auf die Gegebenheiten der jeweiligen Branche und auf die unternehmensbezogenen Tatbestände abgestimmt werden. So wurde im ersten Teil dieser Veröffentlichung auf die bereits angespannte wirtschaftliche Situation dieser Branche und die zu erwartenden Auswirkungen der absehbaren demografischen Entwicklung auf die Wohnungswirtschaft eingegangen. Der aus dieser Situation entstehende erhöhte Wettbewerb zwischen den Unternehmen zwingt diese, ihre Produkte (Immobilien) auf Marktattraktivität und relative Wettbewerbsvorteile zu prüfen. Hierzu wurde zwischen Wohnimmobilien mit soziologisch ausgewogenen Strukturen, Spezialimmobilien mit verhältnismäßig hohem Risiko zugleich jedoch auch besonderem Wertschöpfungspotenzial sowie verschiedenen Gewerbeimmobilienarten unterschieden. Es zeigte sich, dass der Gedanke vom Mehrwert des Produktes auch in der Immobilienwirtschaft Einzug hält und eine neue Ausrichtung der Investitionsentscheidung, entsprechend dem privaten und beruflichen Lebensumfeld der bereits vorhandenen und potentiellen Mieter, erforderlich macht.

Diese Aspekte gewinnen bei der Kreditwürdigkeits- und Beleihungswertermittlung von Immobilien zunehmend an Bedeutung. Nach wie vor ist die Immobilie aufgrund ihrer Langlebigkeit eine wesentliche Kreditsicherheit. Jedoch kann nicht mehr generell von nachhaltiger Wertstabilität oder Wertsteigerung ausgegangen werden. Darüber hinaus steht die Immobilie in unmittelbarer Konkurrenz zu verschiedenen Geld- und Kapitalanlagearten. Dies führt dazu, dass in immer kürzer werdenden Phasen Modernisierungs- und Umbaumaßnahmen durchzuführen sind, um steigende und nachhaltige Erträge aus Immobilien generieren zu können. Auch die Anbieterstruktur auf dem deutschen Immobilienfinanzierungsmarkt weist starke Veränderungen auf. Wurde bis vor wenigen Jahren der Markt für Finanzierung noch stark in traditioneller Form von deutschen Anbietern dominiert, bieten mittlerweile eine Reihe von nationalen und internationalen Finanzdienstleistern diversifizierte Finanzierungsprodukte, wie strukturierte Finanzierungen und alternative Finanzierungsinstrumente, an. Im Bereich der Refinanzierung der Banken veränderte sich mit der Einführung von Basel II in 2007 nicht nur die restriktive Eigenkapitalunterlegung der Kreditinstitute für Kreditvergaben, sondern zugleich änderten sich die Eigenkapitalanforderungen für Finanzierung suchende Unternehmen. Der Wettbewerb zwischen klassischer und innovativer Finanzierung konnte durch diese Regelungen zugunsten der strukturierten Finanzierung beeinflusst werden. All diese Veränderungen im Bereich Investitionsgut Immobilie führen dazu, dass deren Finanzierung Besonderheiten unterliegt, die unter anderem auch im immensen Kapitalbedarf bei gleichzeitig hohem Fremdkapitalanteil begründet liegen. Die Grundlagen hierzu wurden in Kapitel 2 vermittelt.

Im Regelfall werden die Grenzen der traditionellen Finanzierung durch den Wert der Immobilie und durch die Bonität des Kreditnehmers bestimmt. Üblicherweise können damit zwischen 70 bis 80% der Herstellkosten der Immobilie abgesichert werden. Bei dieser Vorgehensweise ergibt sich allerdings das Problem, dass es wegen der teilweise enormen Wertdimensionen von Großprojekten nicht mehr möglich ist, die erforderlichen Eigenmittel darzustellen. Aus diesem Umstand heraus entwickelte sich der Bedarf nach alternativen Finanzierungsmethoden. Zu den innovativen Finanzierungsformen, die in der deutschen Finanzierungslandschaft mittlerweile eine gewisse Verbreitung erlangt haben, gehört u.a. die Immobilienfinanzierung durch Verbriefung. In Kapitel 3 wurden hierzu die verschiedenen Securitisations-Arten und deren Charakteristiken vorgestellt. Dafür war es notwendig, neben den begrifflichen Abgrenzungen auch die verschiedenen Wege zum Kapitalmarkt zu beschreiben. (Real Estate-) Securitisation ist ein Finanzierungsverfahren, das illiquide Immobilien in liquide Finanzaktiva umwandelt. Neu ist hierbei die am Cash-flow ausgerichtete Strukturierung einer Finanzierung. Kreditinstitute beleihen und die Kapitalmarkt-Investoren erwerben Cash-flows. Somit wird nicht die Bonität des Schuldners, sondern die Bonität des Projektes betrachtet.

Die Immobilienfinanzierung in Form einer Securitisation macht eine detaillierte Untersuchung des Immobilienbestandes vor Abschluss eines Darlehensvertrages erforderlich. Die Immobilie wird hierbei wie ein Unternehmen betrachtet. Aufgabe des Immobilien- und Kreditmanagements ist es, Liquiditäts- und Finanzierungspositionen zu strukturieren. Hierbei wird aufbauend auf die Kapitaldienstfähigkeit der Immobilie die Beleihungsquote wie auch die Preisgestaltung ermittelt. Beide hängen stark von der Struktur der individuellen Finanzierung ab und werden maßgeblich von der Ertragskraft und Ertragssicherheit der Immobilie bestimmt. Die in Kapitel 4 vorgestellte Fallstudie zeigte die spezifischen Aufgaben und Herausforderungen, mit denen sich ein Immobilienmanagement bei der Umsetzung einer Darlehensverbriefung konfrontiert sieht. Hierbei waren die Besonderheiten des Einzelfalls, d.h. insbesondere die Objekt- bzw. Portfolio-Diversifikation sowie die Art der zu verbriefenden Forderungen zu berücksichtigen. Wenn es auch keine vereinheitlichte Verbriefungsform gibt, orientierte sich der vorliegende Fall dennoch an der Grundstruktur der Securitisation, welcher jeder Verbriefung als Basis dient. Ausgangspunkt ist stets die Wirtschaftseinheit, aus der sich ein eigenständiger Cash-flow ableitet, auf welchem dann die Finanzierung aufbaut. Der „Strukturelle Teil" der Transaktion begann mit der Gründung einer Zweckgesellschaft (SPV), in welche das zu finanzierende Immobilienportfolio übertragen wurde. Hierbei galt es, die Zweck(Objekt)gesellschaft so zu gestalten, dass zum einen dem Anspruch des Kreditinstitutes nach Insolvenzsicherheit des SPVs entsprochen wurde und zum anderen die Immobilientransaktion keine größeren fiskalischen Belastungen zur Folge hatte. Anschließend erfolgte eine umfängliche Tragfähigkeitsanalyse des Vorhabens, welche mit Hilfe des Analyseinstrumentes der Due Diligence durchgeführt wurde. Die Due Diligence Real Estate dient vor allem in der wichtigen Inputphase der Identifikation von Risiken und der Findung eines angemessenen Finanzierungspreises. Von Bedeutung ist, dass sich die Due Diligence nicht auf die Analyse der Vergangenheit beschränkt, sondern auch darüber Aussagen treffen muss, wie das Ertragspotential (Cash-flow Szenario) des Objektes über die gesamte Laufzeit der Finanzierung und darüber hinaus eingeschätzt wird. Es gilt, dass der eigentliche Untersuchungsprozess neben den Zielen des Kreditgebers auch von den individuellen Gegebenheiten des konkreten Immobilienbestandes, welcher sich nach Standort, Nutzungsart und Objekteigenschaft unterscheidet (s. hierzu auch Kapitel 1), abhängig ist. Wurde im ersten Teil des Fallbeispiels der „Strukturelle Teil" der Finanzierung vorgestellt, beschäftigte sich die zweite Hälfte des Kapitels 4 mit den sog. Covenants (Vertragsbedingungen). Diese stehen in einem engen Zusammenhang mit der zuvor erläuterten Tragfähigkeitsanalyse und stellen den „Operationalen Teil" (beginnend nach Kreditvergabe) der Transaktion dar.

Eine essentielle Überlegung der strukturierten Finanzierung ist, dass der objektbezogene Cash-flow während der gesamten Laufzeit der Finanzierung sämtliche finanzierungsrelevanten Ausgaben deckt. Um diese Bedingung zu gewährleisten, stellen Covenants eine präventive Kontrollmöglichkeit für den Kreditgeber dar. Es zeigte sich, dass abhängig vom individuell gestalteten Kreditvertrag (auf Basis der Due Diligence) verschiedene Arten von Covenants mit unterschiedlicher Bedeutung vereinbart werden können. Financial Covenants stellen hierbei die bedeutendste Untergruppe dieser Vereinbarungen dar. Zur Veranschaulichung wurden unter Zuhilfenahme von sog. Cash-flow Projektionen beispielhaft relevante Finanzkennzahlen dargestellt. Unabhängig davon, ob es sich um Financial oder Non Financial Covenants handelt, muss für alle vereinbarten Regelungen gelten: Sind sie einmal im Kreditvertrag aufgenommen, ist auf ihre strikte Einhaltung zu achten.

Die weitere Entwicklung des Immobilien Finanzierungsmarktes und hier insbesondere des Marktes für innovative Finanzierungsquellen wird von unterschiedlichen Einflussparametern bestimmt. Zum einen ist von einem unverändert hohen Investitionsbedarf der gewerblichen Wohnungswirtschaft auszugehen. Zum anderen wird die aktuelle Finanzkrise die Entwicklung der Securitisation, also die Finanzierung über Kapitalmärkte, wohl nachhaltig beeinflussen. Der inländische Immobilienmarkt ist zwar nicht von einer Blasenbildung wie in den USA und anderen Staaten betroffen, jedoch ist die deutsche Immobilienwirtschaft auf Grund ihres hohen Kapitalbedarfs eng mit den internationalen Finanzmärkten verbunden. Um als Immobilienunternehmen dennoch erfolgreich am Markt bestehen zu können, bedarf es Korrekturen von Seiten der verantwortlichen institutionellen Stellen, welche helfen, den Prozess zu stabilisieren. Denkbar sind hier beispielsweise Maßnahmen wie die von der EU-Kommission geforderte und angemahnte „verantwortungsvolle Kreditvergabe", ein verbindlicher Selbstbehalt für verbriefende Banken von einem Teil des Risikos sowie eine Reformierung von Basel II (vgl. Hönighaus 2009: 14). Aus Sicht der Immobilienwirtschaft kann das vorgestellte Konzept der Objektbetrachtung und der sich daraus generierende Cash-flow als Chance und gleichwertiger Ersatz für die fehlende Bonität des Kreditnehmers verstanden werden. Insbesondere dann, wenn ein Schuldendienstdeckungsgrad von mindestens 110 – 120 % vorliegt. Der letzte Schritt seitens der Bank, eine Ausgliederung der Finanzrisiken an den Kapitalmarkt, wäre hier vorerst nicht erforderlich. Die notwendige Voraussetzung hierzu ist allerdings das Vorhandensein von Immobilien der sog. Prime Asset Class.

Quellenverzeichnis

• Literaturverzeichnis

ALLENDORF, G.; KURZROCK, B. (2007): Grundlagen des Immobilien-Portfoliomanagements: Portfoliomanagement mit Hilfe qualitativer Modelle. In: Schulte, K. (Hrsg.); Thomas, M. (Hrsg.) Handbuch Immobilien-Portfoliomanagement. Köln: IMV, Müller.

ALVAREZ, M. (2004): Segmentberichterstattung und Segmentanalyse. Wiesbaden: Gabler.

BDB, BUNDESVERBAND DEUTSCHER BANKEN ; HANDELSBLATT (2009): Comeback von Verbriefungen. In: Handelsblatt, (03.08.2009: Nr. 146).

BENDER, W. (2007): Risikomanagement in Immobilienportfolios. In: Schulte, K. (Hrsg.); Thomas, M. (Hrsg.) Handbuch Immobilien-Portfoliomanagement. Köln: IMV, Müller.

BERENS, W.; BRAUNER, H.; STRAUCH, J (HRSG.) (2008): Due Diligence bei Unternehmensakquisitionen, 5. Aufl., Stuttgart: Schäffer-Poeschel.

BIENERT, S. (2005): Bewertung von Spezialimmobilien: Risiken-Benchmarks und Methoden. Wiesbaden: Gabler.

BIENERT, S. (2005a): Projektfinanzierung in der Immobilienwirtschaft: Dynamische Veränderungen der Rahmenbedingungen und Auswirkungen von Basel II. Wiesbaden: Gabler.

BITTELMEYER, C. (2007): Patente und Finanzierung am Kapitalmarkt, eine theoretische und empirische Analyse. Wiesbaden: Gabler.

BITZ, M.; STARK, G. (2008): Finanzdienstleistungen: Darstellung – Analyse - Kritik. 8. vollst. überarb. u. wesentl. erw. Aufl., München: Oldenbourg.

BLOSS, M.; ERNST, D.; HÄCKER, J.; EIL, N. (2009): Von der Subprime-Krise zur Finanzkrise, Immobilienblase: Ursachen, Auswirkungen, Handlungsempfehlungen. München: Oldenbourg.

BONE-WINKEL, S.; THOMAS, M.; ALLENDORF, G.; WALBRÖHL, V.; KURZROCK, B. (2008): Immobilien-Portfoliomanagement. In: Schulte, K. (Hrsg.) Immobilienökonomie: Band 1: Betriebswirtschaftliche Grundlagen. München: Oldenbourg.

BREIDENBACH, M. (2008): Immobilienfinanzierung, Sekuritisation: Finanzierung durch Immobilienverbriefung. In: Schulte, K. (Hrsg.) Immobilienökonomie: Band 1: Betriebswirtschaftliche Grundlagen. München: Oldenbourg.

BUNDESINSTITUT FÜR BEVÖLKERUNGSFORSCHUNG (2008): Bevölkerung - Daten, Fakten, Trends zum demographischen Wandel in Deutschland. Broschüre. Wiesbaden: BiB.

BURGER, A.; ULBRICH, P. (2005): Beteiligungscontrolling: Detaillierte Informationen. München: Oldenbourg.

BUSCH, B. (2007): Due Diligence und Bewertung für internationale Immobilieninvestitionen. In: Mayrzedt et al. (Hrsg.) Internationales Immobilienmanagement: Handbuch für Praxis, Aus- und Weiterbildung. München: Vahlen.

BÜSCHGEN, H. (2007): Handbuch Raiting. 2. Aufl., Wiesbaden: Gabler.

DEUTSCHE BUNDESBANK (2009): Bankenstatistik, PDF , Stand 25.02.2009, Frankfurt: Deutsche Bundesbank Pressestelle.

DEUTSCHE BUNDESBANK (2009a): Glossar. URL http://www.bundesbank.de/bildung/bildung_glossar.php zuletzt abgerufen am 06.07.2009.

DIETRICH, R. (2005): Entwicklung werthaltiger Immobilien: Neue Ansätze und praxisnahe Grundlagen. Wiesbaden: Vieweg+Teubner.

DIIR, DEUTSCHEN INSTITUTS FÜR INTERNE REVISION E.V. (2002): Fachbeiträge zur Revision des Kreditgeschäftes, Arbeitskreis Revision des Kreditgeschäftes. Berlin: Schmidt.

DV, DEUTSCHER VERBAND FÜR WOHNUNGSWESEN,STÄDTEBAU UND RAUMORDNUNG E.V. (2007): Jahresbericht 2007. PDF. Berlin: Brynda.

EMPERT, S.; VEHRKAMP, R. (HRSG.) (2006): Wirtschaftsstandort. Wiesbaden: VS Verlag.

EMSE, C. (2005): Verbriefungstransaktionen deutscher Kreditinstitute. Wiesbaden: Gabler.

ERNST, K. (2008): Erfolgsfaktoren bei der Entwicklung von Pflegeheimen. Hamburg: Igel.

ERTLE, S. (2003): Standortanalyse für Büroimmobilien, Reihe Immobilienmanagement: Band 4. Norderstedt: BOD.

EZB, EUROPÄISCHE ZENTRALBANK (2009): Monatsbericht Mai 2009. PDF. Frankfurt: EZB.

FAHRHOLZ, B. (1998): Neue Formen der Unternehmensfinanzierung. München: Beck.

FRANCKE, J.(1993): Die Technik des deutschen Hypothekarkredits im Aktivgeschäft. In: Rüchardt, K. (Hrsg.): Handbuch des Hypothekarkredits: Immobilienfinanzierung in Deutschland und Europa. 3. Aufl., Frankfurt: Knapp.

FUCHS, R. (2005): Wertschöpfungsorientiertes Controlling in Wohnungsunternehmen: Konzept zur Unterstützung des organisatorischen Wandels. 5. Aufl., Wiesbaden: Gabler.

GONDRING, H.; ZOLLER, E.; DINAUER, J. (2003): Real Estate Investment Banking. Wiesbaden: Gabler.

GRÄFER, H.; BEIKE, R.; SCHELD, G. (2001): Finanzierung: Grundlagen, Institutionen, Instrumente und Kapitalmarkttheorie. 5. Aufl., Berlin: Erich Schmidt Verlag.

GREINER, M.; DILDEI, N. (2007): Bewertung von Immobilienportfolios. In: Schulte, K. (Hrsg.); Thomas, M. (Hrsg.): Handbuch Immobilien-Portfoliomanagement. Köln: IMV, Müller.

GRILL, W.; GRILL, H.; PERCZYNSKI, H. (2004): Wirtschaftslehre des Kreditwesens. 39. Aufl., Troisdorf: Bildungsverlag Eins.

HAGHANI, S.; VOLL, S.; HOLZAMER, M. (2008): Bedeutung und Management von Financial Covenants: Studie 04/2008. München: Roland Berger Strategy Consult, Germany.

HAMBERGER, K. (2007): Steuerliche Gestaltungsmöglichkeiten im Immobilienportfoliomanagement. In: Schulte, K. (Hrsg.); Thomas, M. (Hrsg.): Handbuch Immobilien-Portfoliomanagement. Köln: IMV, Müller.

HANDELSBLATT.COM (2004): Immobilienbanken stoßen Problemkredite ab. URL http://www.handelsblatt.com/unternehmen/banken-versicherungen/immobilienbanken-stossen-problemkredite-ab;792110 zuletzt abgerufen am 06.07.2009.

HANDELSBLATT; KÖHLER, P. (2009): Comeback von Verbriefungen. In: Handelsblatt, (03.08.2009: Nr. 146).

HELLERFORTH, M. (2007): BWL für die Immobilienwirtschaft. München: Oldenbourg.

HELLERFORTH, M. (2008): Immobilieninvestition und –finanzierung kompakt. München: Oldenbourg.

HOCKMANN, H. (HRSG.); THIEßEN, F. (HRSG.) (2007): Investment Banking. 2. Aufl., Stuttgart: Schäffer-Poeschel.

HOEGEMANN, B. (2006): Due Dilligence: Prüfung und Unternehmensbewertung von Akutkrankenhäusern. 1. Aufl., Wegscheid Wikom.

HOFMANN, L.; HEE, C. (2006): Handbuch Alternative Investments: Band 2. Wiesbaden: Gabler.

HÖNIGHAUS, R. (2009): Straßburg mildert Verbriefungsregel. In: Financial Times Deutschland. FTD, (11.03.2009: 14-14).

IBB, INVESTITIONSBANK BERLIN (2009): Förderangebote: IBB Seniorengerechtes Wohnen. Zinsgünstige Darlehen für barrierearmen Wohnraum. URL hhttp://www.investitionsbank.de/desktopdefault.aspx/tabid-313/ zuletzt abgerufen am 06.07.2009.

IBLHER, F. (2008): Immobilienfinanzierung: Einführung, Anbieter von Immobilienfinanzierungen, Systematisierung der Immobilienfinanzierung. In: Schulte, K. (Hrsg.) Immobilienökonomie: Band 1: Betriebswirtschaftliche Grundlagen. München: Oldenbourg.

IVD IMMOBILIENVERBAND DEUTSCHLAND (2005): Die demografische Entwicklung und ihre Folgen für den Immobilenmarkt URL http://www.ivd.net/html/0/251/rubrik/259.html zuletzt abgerufen 06.07.2009.

IVD IMMOBILIENVERBAND DEUTSCHLAND (2005a): Sonder- und Spezialimmobilien ein Markt mit erhöhtem Risiko. URL http://www.ivd.net/html/0/165/rubrik/424.html zuletzt abgerufen am 06.07.2009.

JENKIS W. (2001): Kompendium der Wohnungswirtschaft. 4. Aufl., München: Oldenbourg.

JOKL, S. (1998): Wohnungsfinanzierung. In: Büschgen, H.; Kopper, H. (Hrsg.): Taschenbücher für Geld, Banken und Börse: Band 48. 3.Aufl., Frankfurt: Knapp.

JUST, T. (2005): Konrad Adenauer Stiftung, Deutsche Bank Research, Bestimmungsfaktoren der Wohnungsnachfrage: Brauchen wir die öffentliche Hand. Berlin: Konrad-Adenauer-Stiftung e.V. URL http://www.kas.de/upload/kommunalpolitik/veranstaltungen/just-folien.pdf zuletzt abgerufen am 06.07.2009.

KLEMMER, P. (2005): Artikel: Demographie und Immobilienwirtschaft. In: Ummen/ Johns (Hrsg.): Immobilien: Praxis und Recht Jahrbuch 2005. Berlin: IMMO I.deen GmbH.

KOFNER, S. (2004): Wohnungsmarkt und Wohnungswirtschaft. München: Oldenbourg.

KÖLLY, R. (2005): Puplikation: Darstellung und Diskussion ausgewählter Analysen von Büroimmobilien unter besonderer Berücksichtigung der von den Nutzern geforderten Ausstattungsmerkmale. PDF. Wien: Forschungsgesellschaft für den Wohnungsbau.

KORNDÖRFER, W. (2003): Allgemeine Betriebswirtschaftslehre: Aufbau, Ablauf, Führung, Leitung. 13. Aufl., Wiesbaden: Gabler.

KRETSCHMAR, T.; TRAMPE, P. (2003): Alternative Finanzierungsmodelle für die Wohnungswirtschaft: Praxis der Verbriefung. Berlin: Hypoport AG.

LAGEMANN, C. (2007): Immobilienkreditmarkt und Kapitalmarkt wachsen zusammen. In Immobilien-Banking: Professionelles Immobilien-Banking Fakten und Daten 2007/2008. VDP Verband deutscher Pfandbriefbanken, Berlin: Klemp

LANGENSCHEIDT, ROUTLEDGE (2007): Fachwörterbuch: Wirtschaft, Handel und Finanzen Englisch. 3. Aufl., Berlin: Langenscheidt

LAUER, J. (2007): Von der traditionellen zur strukturierten Immobilienfinanzierung. In: Mayrzedt et al. (Hrsg.): Internationales Immobilienmanagement: Handbuch für Praxis, Aus- und Weiterbildung. München: Vahlen.

LAUER, J. (2008): Strukturierte Immobilienfinanzierung. 2. Aufl., Frankfurt: Knapp.

LUCIUS, D. (2008): Gesellschaftrechtliche Finanzierungsformen. In: Schulte, K. (Hrsg.): Immobilienökonomie: Band 1: Betriebswirtschaftliche Grundlagen. München: Oldenbourg.

MAYRZEDT, H.; GEIGER, N.; KLETT, E.; BEYERLE, T. (2007): Internationales Immobilienmanagement: Handbuch für Praxis, Aus- und Weiterbildung. München: Vahlen.

MEHLIS, J. (2006): Analyse des Datenentstehungsprozesses und Entwicklung eines Entscheidungsmodells für eine wirtschaftliche Vorgehensweise bei der lebenszyklusorientierten Immobiliendatenerfassung und -pflege. Norderstedt: BOD.

MERK, G. (2008): Finanzbegriffe, Universität Siegen. URL http://www2.uni-siegen.de/~merk/ zuletzt abgerufen am 06.07.2009.

MIGRATION-INFO.DE (2007): Migration und Bevölkerung: Deutschland: Demographische Entwicklung in den neuen Bundesländern. URL http://www.migration-info.de/mub_artikel.php?Id=070501 zuletzt abgerufen am 06.07.2009

MORKRAMER P.; SCHMIDT F.; HWWI, HAMBURGERISCHES WELTWIRTSCHAFTS INSTITUT (2007): Büroimmobilien: Die ökonomische Relevanz der deutschen Mittelstände. PDF. Hamburg: HWWI.

PITSCHKE, C. (2008): Immobilienfinanzierung: Auswirkungen von Basel II auf die Immobilienfinanzierung. In: Schulte, K. (Hrsg.): Immobilienökonomie: Band 1: Betriebswirtschaftliche Grundlagen. München: Oldenbourg.

RAUPACH, G. (2007): Das M & A Geschäft. In: HOCKMANN, H. (Hrsg.); Thießen, F. (Hrsg.): Investment Banking. 2. Aufl., Stuttgart: Schäffer-Poeschel.

REUL, G.; STENGEL, R. (2007): Investmentprozess. In: Schulte, K. (Hrsg.); Thomas, M. (Hrsg.): Handbuch Immobilien-Portfoliomanagement. Köln: IMV, Müller.

RÖSLER, P.; MACHENTHUN, T.; POHL, R. (2002): Handbuch Kreditgeschäft. 6. Aufl., Wiesbaden: Gabler.

SCHÄFERS, W. (2008): Märkte für Immobilienfinanzierung. In: Schulte, K. (Hrsg.): Immobilienökonomie: Band 4: Volkswirtschaftliche Grundlagen. München: Oldenbourg.

SCHMEISSER, W.; GEIßLER, J.; SCHÜTZ, K. (HRSG.) (2008): Finanzwirtschaft, Finanzdienstleistungen, Empirische Wirtschaftsforschung: Band 9: Zum Wandel der Finanzdienstleistungsmärkte. München: Rainer Hampp Verlag.

SCHMITTAT, J. (2007): Asset Backed Securities: Die Verbriefung von Handelsforderungen als Finanzalternative für den großen Mittelstand. Wiesbaden: Gabler.

SERVATIUS, W. (2008): Gläubigereinfluss durch Covenants, Hybride Finanzierungsinstrumente im Spannungsfeld von Fremd- und Eigenfinanzierung. Tübingen: Mohr Siebeck.

SOTELO R (O.JG): Projektentwickler und Investoren: Welche Produkte für welche Kunden?. PDF. Weimar: Bauhaus Universität Weimar

SPIEKER, R. (2005): Schrumpfende Märkte in der Wohnungswirtschaft: Ursachen, Folgen und Handlungsmöglichkeiten; Beiträge zum Siedlungs- und Wohnungswesen: Band 224. Göttingen: V&R Unipress.

STATISTISCHES BUNDESAMT (2006): Demographische Struktur der Bevölkerung: Bevölkerungsentwicklung. Fachserie 1 Heft 3 Teil 2. Wiesbaden: Statistisches Bundesamt.

STATISTISCHES BUNDESAMT (2006a): 11. Koordinierte Bevölkerungsvorausberechnung. Bericht, Gruppe VI A. Wiesbaden: Statistisches Bundesamt.

STATISTISCHES BUNDESAMT (2007): Entwicklung der Wohnungsmieten. Fachserie 5, R3, 2007. Wiesbaden: Statistisches Bundesamt.

STIFTUNG NIEDERSACHSEN (2006): „älter - bunter – weniger": Die demographische Herausforderung an die Kultur. Bielefeld: Transcript Verlag.

THOMAS, M.; WELLNER, K. (2007): Diversifikation nach Nutzungsarten und Regionen. In: Schulte, K. (Hrsg.); Thomas, M. (Hrsg.): Handbuch Immobilien-Portfoliomanagement. Köln: IMV, Müller.

TIETJE, A.; PORTMANN, T.; RAMB, M. (2007): Due Diligence und Bewertung für internationale Immobilieninvestitionen: Technische Due Diligence. In: Mayrzedt et al. (Hrsg.): Internationales Immobilienmanagement: Handbuch für Praxis, Aus- und Weiterbildung. München: Vahlen.

TRAMPE, P. (2005): Verbriefung: Ein neuer Weg der Finanzierung für die Wohnungswirtschaft. PDF. Lübeck: Dr. Klein Co. AG.

TRAMPE, P. (2007): Das Pro und Contra von Kapitalmarktfinanzierungen vor dem Hintergrund der Subprime-Krise. PDF. Lübeck: Dr. Klein Co. AG.

VOLLRATH, J. (2007): IT-Systeme im Rahmen des Immobilien-Portfoliomanagements. In: Schulte, K. (Hrsg.); Thomas, M. (Hrsg.) Handbuch Immobilien-Portfoliomanagement. Köln: IMV, Müller.

WAGNER, H; RUX, H. (2004): Die GmbH & Co. KG: Detaillierte Informationen. Freiburg: Haufe.

WALZEL, B. (2008): Unterscheidung nach Immobilienarten. In: Schulte, K. (Hrsg.): Immobilienökonomie: Band 1: Betriebswirtschaftliche Grundlagen. München: Oldenbourg.

WELLNER, K. (2003): Entwicklung eines Immobilien-Portfolio-Management-Systems. In Pelz W. (Hrsg.): Reihe Immobilienmanagement: Band 3. Norderstedt: BOD.

WIELING, H. (2007): Sachenrecht. 5. Aufl., Heidelberg: Springer.

WILHELM, J. (2007): Sachenrecht. 3. Aufl., Berlin: Walter de Gruyter.

WÖHE, G. (2002): Einführung in die Allgemeine Betriebswirtschaftslehre. 21. Aufl., München: Vahlen.

WULFKEN, J.; LANG, J. (2003): Innovative Formen der Immobilienfinanzierung: Real Estate Securitisation. In: Der Syndikus (März/April 2003: 7-10).

ZIERKE, M. (2007): Innovative Immobilienfinanzprodukte. In: Mayrzedt et al. (Hrsg.): Internationales Immobilienmanagement: Handbuch für Praxis, Aus- und Weiterbildung. München: Vahlen.

- **Rechtsprechungsverzeichnis**

BFH, BUNDESFINANZHOF, B. vom 6.6.2002; (V R 43/01) BStBl. II 2003: 36.

- **Verzeichnis der Gesetze und Rechtsverordnungen**

AO, ABGABENORDNUNG (Stand 1. Januar 2009): Steuerverfahrensrecht: Abgabenordung, AO-Anwendungserlass, Finanzgerichtsordnung. 33. Aufl. 2009 XIV, München: Beck.

BGB, BÜRGERLICHES GESETZBUCH (Stand 1. Januar 2009): 28. Völlig neubearb. Aufl. 2009 XXXII. München: Beck.

ESTG, EINKOMMENSTEUERGESETZ; SCHMIDT, L. (Stand 1. Januar 2009): Kommentar. 28. Völlig neubearb. Aufl. 2009 XXXII. München: Beck.

GEWSTG, GEWERBESTEUERGESETZ (Stand 1. Januar 2009): Gewerbesteuerrecht: Gewerbesteuergesetz, Gewerbesteuer-Durchführungsverordnung und Gewerbesteuer-Richtlinien. 21. Aufl. 2009 XXVI. München: Beck.

GRESTG, GRUNDERWERBSTEUERGESETZ (Stand 2007): Beck´sche Steuerkommentare. 16. Aufl. 2007 XXI. München: Beck.

HGB, HANDELSGESETZBUCH (Stand 6. Februar 2009): 48. Überarb. Aufl. 2009 XIII. München: Beck.

LBO, LANDESBAUORDNUNG (Stand 1. Juli 2007): Landesbauordnung für Baden-Württemberg mit Allgemeiner Ausführungsverordnung, Feuerungsverordnung, Verfahrensverordnung, Verwaltungsvorschrift Stellplätze, Garagenverordnung, Elektrische Betriebsräumeverordnung, Versammlungsstättenverordnung, Verkaufsstättenverordnung, Nachbarrechtsgesetz. 2007 XIII. München: Beck.

USTG, UMSATZSTEUERGESETZ (Stand 18. März 2009): Umsatzsteuergesetz mit Umsatzsteuer-Durchführungsverordnung, Umsatzsteuer-Richtlinien, Mehrwertsteuer-Systemrichtlinie, 8. EG-Richtlinie, EG-RL 2008/9/EG, 13. EG-Richtlinie. 27. Aufl. 2009 XIV. München: Beck.

Anhang

Anhang 1: Kriterien der Marktattraktivität von Immobilienmärkten

Marktattraktivität von Immobilienmärkten	Gewicht	Punkte	Score
1. Wirtschaftliche, politische und rechtliche Rahmenbedingungen	15%		
•Kapitalmarktzins, steuerliche Belastung, Finanzierungsquellen			
•Gesamtwirtschaftliche Entwicklung			
•Regionale Entwicklung, Raumordnung, Bauleitungsplan, Stadtentwicklung			
•Branchenstruktur, Trends			
•Wirtschaftsförderung			
2. Demografie und Sozioökonomie	20%		
•Arbeitsmarktsituation			
•Bevölkerungsdichte/ -entwicklung			
•Einkommensniveau, Kaufkraft			
•Sozialstruktur			
•Altersstruktur			
•Lebenshaltungskosten			
•Bildungsniveau			
3. Infrastruktur des Makrostandortes	10%		
•Stadt- und Zentrumsfunktion			
•Städtebauliche Entwicklung			
•Räumliche Anbindung			
•Verkehrserschließung			
4. Weiche Standortfaktoren	10%		
•Kultur-, Freizeit- und Bildungsangebot			
•Soziale Infrastruktur, Wohnqualität			
•Imagefaktoren, Stadt- und Regionalmarketing			
5. Struktur und Entwicklung des Immobilienangebots	15%		
•Marktumfang / Bestand			
•Leerstand			
•Geplante Projekte, Bauvolumen, Markttransparenz, Markteintrittsbarrieren			
•Wettbewerbskräfte in der Branche			
•Direkte Konkurrenzobjekte			
•Markttransparenz			
6. Struktur und Entwicklung der Immobiliennachfrage	15%		
•Anzahl und Struktur aktueller Mieter			
•Anzahl und Struktur potentieller Mieter			
•Flächenbedarfsentwicklung			
•Verhandlungsstärke der Mieter			
•Mieterpräferenzen (Standortwahl, Ausstattung der Objekte)			
7. Miet- und Preisniveau des räumlichen und sachlichen Teilmarktes	15%		
•Mietniveau nach Nutzungsart und Standort			
•Baulandpreise und Baukosten			
•Preispolitischer Spielraum			
Summe der Punkte	100%		

Abbildung 27: Kriterien der Marktattraktivität (Quelle: Eigene Darstellung in Anlehnung an Allendorf, Kurzrock 2007: 127)

Anhang 2: Scoring-Modell Wettbewerbsstärke

B	Kriterien der Wettbewerbsstärke	Wichtung	Gewichtung in %		Bewertung					Punktfaktoren	Faktoren gewichtet (Gewichtung)	Gesamtpunkte Kriterien (× des Scores)	Gesamt Score (Bewertung)	Bemerkungen Indikator
			Beurteilungskriterien Wichtung	Bewertungskriterien	Schwäche mangelhaft 0-20	ausreichend 21-40	befriedigend 41-60	Stärke gut 61-80	sehr gut 81-100					
1.	Mikrostandort/Umfeld	2,5	14,3%	11,1	100,0%					81-100			50,0	7,15	Zwischensumme
1.1	Verkehrsanbindung des Mikrostandortes			3,0	33,3%						50	16,7			
1.2	Einbindung in die Umgebung			2,0	22,2%						50	11,1			
1.3	Qualität der Lage (regional, sektoral)			2,0	22,2%						50	11,1			
1.4	Mieteransprüche entspr. Umfeld			2,0	22,2%						50	11,1			
2.	Grundstückseigenschaften	2,0	11,4%	10,5	100,0%								50,0	5,70	Zwischensumme
2.1	Größe/Zuschnitt			3,0	31,5%						50	15,8			
2.2	Grad der Bebauung / Reservefläche			2,5	26,3%						50	13,1			
2.3	Umweltfaktoren, Geografie			2,0	21,0%						50	10,5			
2.4	Altlasten			2,0	21,0%						50	10,5			
3.	rechtliche Beschränkungen														Zwischensumme
4.	Gebäudeigenschaften														Zwischensumme
5.	Nutzungskonzept														Zwischensumme
6.	Mietermix														Zwischensumme
7.	Bewirtschaftungsergebnis														Zwischensumme
8.	Wertentwicklungspotential														Zwischensumme
9.	Management	1,0	5,7%	25,0	100,0%								50,0	2,85	Zwischensumme
9.1	immobilienwirtschaftliche Erfahrung			2,0	50,0%						50	25,0			
9.2	Vertragsmanagement			2,0	50,0%						50	25,0			
	Summe														Gesamtscore

Abbildung 28: Scoring-Modell Wettbewerbsstärke (Quelle: Eigene Darstellung in Anlehnung an Wellner 2003: 200 f.; Bone-Winkel et al. 2008: 810)

Anhang 3: Checkliste Due Diligence Real Estate Teil 1

	Checkliste Due Diligence Real Estate		
1	**Darlehensnehmer**	**3**	**Wartungs- und Serviceverträge**
1.1	Auskünfte/Allgemeines/Handelsregisterauszug	3.1	technische Verwaltung, Wartungsverträge
1.2	genaue Bezeichnung (z.B. Objekt-KG)	3.3	Hausmeister
1.3	Vollmachtsfragen	3.4	Energieversorgungsverträge
		3.5	sonstige Verträge
2	**Kataster/Grundbuch/Baulastenverzeichnis**		
2.1	Flurkarten	**4**	**Gebäude/Grundstück**
2.2	aktuelle, beglaubigte Grundbuchauszüge	4.1	Pläne (Grundrisse, Ansichten, Schnitte)
2.3	separate Flurstücke oder Teilung erforderlich?	4.2	Flächen-/Kubusberechnungen
2.4	nicht mitverkaufte Teile?	4.3	Mietflächenberechnungen mit Plänen
2.5	Belastungen in Abt. II	4.4	Revisionspläne/Haustechnik
2.5.1	vorhandene Eintragungen/Bewilligungen mit Plananlagen/laufende Anträge	4.5	Altlasten/Asbest (Gründungs-/Altlastengutachten)
2.5.2	erforderliche neue Eintragungen, z. B. bei Grundstückstellung	4.6	Sachverständigen-Gutachten
	(z. B. Wegerecht, Fensterrecht, Abstandsflächen, Grenzbebauung,	4.7	behördliche Auflagen
2.5.3	Überbau, Leitungsrechte, Energieversorgung, Müll)	4.8	gesetzliche Prüfungen, laufende TÜV-Zeugnisse,
2.6	Belastungen in Abt. III	4.9	technische Prüfberichte
2.6.1	Sicherungszweckerklärungen	4.10	Baumängel, ausstehende/beauftragte Reparaturen
2.6.2	Kreditübernahme/Ablösungsprobleme	4.11	Gewährleistungen/Sicherheiten
2.6.3	Löschungsbewilligungen?	4.12	Brandschutz
2.7	laufende Eintragungsanträge	4.13	Denkmalschutz
2.8	Katasterpläne	4.14	drohende Beeinträchtigung durch Nachbarn/Dritte
2.9	Grenzinhaltsbescheinigungen	4.15	Architektenurheberrechte
2.10	Baulasten	4.16	Versicherungen
2.10.1	beglaubigte Baulastenverzeichnisauszüge	4.16.1	Kopien der Policen
2.10.2	vorhandene Eintragungen/Bewilligungen mit Plananlagen/	4.16.2	ausreichender Deckungsschutz
2.10.3	laufende Anträge	4.16.3	Rechtsstreitigkeiten
2.10.4	erforderliche neue Eintragungen, z. B. bei Grundstückstellung		

Abbildung 29: Checkliste Due Diligence Real Estate Teil 1 (Quelle: Eigene Darstellung in Anlehnung an Reul, Stengel 2007: 418 f.)

Anhang 4: Checkliste Due Diligence Real Estate Teil 2

	Checkliste Due Diligence Real Estate		
5	**Miet- und Pachtverhältnisse**	**6**	**objektgebundene Steuern/Abgaben**
5.1	Kopien aller Verträge einschließlich Nachträge	6.1	Einheitswertbescheide
5.2	Liste mit Basisdaten	6.2	Grundsteuer/städtische Abgaben, Stand der Zahlungen/Unterlagen
5.3	etwaige Nebenabsprachen	6.3	Erschließungsbeiträge/Anschlussgebühren
5.4	Kopie Mietsicherheiten		
5.5	Mieterliste (Flächen, Mieter, Mieterträge, Index, Laufzeit, Kündi-	**7**	**Umsatzsteuer und § 6b EStG**
5.6	gungsmöglichkeiten, Optionen, Umsatzsteuer, Besonderheiten)	7.1	keine Umsatzsteuer ggf. Umsatzsteueroption
5.7	Leerstandseinschätzung falls Mietgarantie	7.2	eventuell umsatzsteuerfreie Mietflächen?
5.8	Mietflächenberechnungen mit Plänen	7.3	Buchwert, möglicher Buchgewinn, §-6-b-EStG-Fähigkeit
5.9	Mietminderungen/Meinungsverschiedenheiten/Prozesse	7.4	§-15-a-UStG-Thema
5.10	Nebenkostenregelungen (pauschal/Vorauszahlung)	7.5	Flächenschlüssel
5.11	Instandhaltungsregelungen (Mieter oder Eigentümer?)		
5.12	Nebenkostenabrechnungen	**8**	**Nachbarabsprachen**
5.13	vergangene Jahre/Unterlagen	8.1	Vereinbarungen mit Nachbarn/Dritten
5.14	laufendes Jahr/Unterlagen	8.2	vorhandene Vereinbarungen
5.15	nicht umlegbare Nebenkosten	8.3	erforderliche neue Vereinbarungen, z. B. bei Grundstücksteilung
5.16	Werbegemeinschaften usw.		

Abbildung 30: Checkliste Due Diligence Real Estate Teil 2 (Quelle: Eigene Darstellung in Anlehnung an Reul, Stengel 2007: 418 f.)

Anhang 5: Business-Plan/Portfolio

Name Objekt / Portfolio:	Property Name / Portfolio			
Darlehensnummer:	Loan Number			
Beginn Berichtsperiode:	Reporting Period Start Date	01.01.2007	01.01.2008	01.01.2009
Ende Berichtsperiode:	Reporting Period End Date	31.12.2007	31.12.2008	30.06.2009
Monate	Months	12	12	3
*SOLL-EINNAHMEN	POTENTIAL INCOME			
Nettomieteinnahmen (exkl. Nebenkosten):	Potential Base Rent			
Nebenkosten:	Potential Expense Reimbursements			
*SOLL-Bruttoeinnahmen (inkl. Nebenkosten):	POTENTIAL GROSS RENTAL INCOME	€ 0,00	€ 0,00	€ 0,00
*IST-EINNAHMEN	AS-IS INCOME			
Nettomieteinnahmen (exkl. Nebenkosten):	As-Is Base Rent			
*IST-NEBENKOSTENVORAUSZAHLUNGEN	AS-IS EXPENSE REIMBURSEMENTS			
Grundsteuer	Real Estate Tax			
Versicherungen	Insurance			
Versorgungstechnische Nebenkosten	Utilities			
Instandhaltungsaufwand	Repair & Maintenance			
Verwaltungskosten	Management Fee			
Gehälter	Payroll & Benefits			
Werbeanzeigen und Marketing	Advertising & Marketing			
Andere Ausgaben	Other Expenses			
Bruttomieteinnahmen (inkl. Nebenkosten):	Gross Rental Income	€ 0,00	€ 0,00	€ 0,00
Andere Einnahmen	Other Income			
Umsatzmiete	Percentage Rent			
Einnahmen aus Parkgebühren	Parking Income			
*Gesamt-IST-Bruttoeinnahmen	EFFECTIVE GROSS INCOME	€ 0,00	€ 0,00	€ 0,00
*KOSTEN	EXPENSES			
Grundsteuer	Real Estate Tax			
Versicherungen	Insurance			
Versorgungstechnische Nebenkosten	Utilities			
Instandhaltungsaufwand	Repair & Maintenance			
Verwaltungskosten	Management Fee			
Gehälter	Payroll & Benefits			
Werbeanzeigen und Marketing	Advertising & Marketing			
Andere Ausgaben	Other Expenses			
Erbpachtzins	Ground Rent			
* SUMME KOSTEN	TOTAL EXPENSES	€ 0,00	€ 0,00	€ 0,00
*NETTOEINNAHMEN	NET OPERATING INCOME	€ 0,00	€ 0,00	€ 0,00
Nichtumlegbare Ausbauten & Verschönerungen	CapEx			
Vermittlungsprovisionen	Leasing Commissions			
Mieterausbaukosten	Tenant Improvements			
*GESAMTKAPITALAUSGABEN	TOTAL CAPTIAL EXPENDITURES	€ 0,00	€ 0,00	€ 0,00

Abbildung 31: Business-Plan/Portfolio (Quelle: Eigene Darstellung: ObjektCo)

Anhang 6: Muster Schuldendienstdeckungsvereinbarung

Schuldendienstdeckungsvereinbarung

11.1 Der tatsächliche Schuldendienstdeckungsgrad und der prognostizierte Schuldendienstdeckungsgrad (zusammen die „**Schuldendienstdeckungsverhältnisse**") müssen vor dem Endfälligkeitstag jederzeit jeweils mindestens 120% betragen.

Der „**tatsächliche Schuldendienstdeckungsgrad**" ist das Verhältnis des bezüglich der Grundstücke für den maßgeblichen Zeitraum erzielten Mietreinertrags (wie nachstehend definiert) zum Gesamtbetrag dieses Vertrags für den maßgeblichen Zeitraum zu zahlenden Zinsen zuzüglich der für den maßgeblichen Zeitraum zu zahlenden Rückzahlungsrate. Der „**prognostizierte Schuldendienstdeckungsgrad**" ist das Verhältnis des bezüglich der Grundstücke für den maßgeblichen Zeitraum erwarteten Mietreinertrags zum Gesamtbetrag dieses Vertrags für den maßgeblichen Zeitraum zu zahlenden Zinsen zuzüglich der für den maßgeblichen Zeitraum zu zahlenden Rückzahlungsrate. Bezogen auf den letzten Tag eines Kalenderquartals bezeichnet der Begriff „**maßgeblicher Zeitraum**" (i) im Falle der Berechung des tatsächlichen Schuldendienstdeckungsgrads den 12-Monatszeitraum, der an diesem Tag endet, und (ii) im Falle der Berechung des prognostizierten Schuldendienstdeckungsgrads den 12-Monatszeitraum, der auf diesen Tag folgt.

Der Ausdruck „**Mietreinertrag**" bezeichnet die von den Mietern eingenommene Kaltmiete abzüglich auf die Miete gegebenenfalls anfallender Umsatzsteuer, umlagefähiger Mietneben- bzw. Betriebskosten, nicht umlagefähiger Betriebskosten, Verwaltungskosten und der tatsächlich während des jeweiligen Zeitraums bezahlten Wartungskosten. Im Rahmen der Berechnung des prognostizierten Schuldendienstdeckungsgrads bleiben die folgenden Beträge bei der Ermittlung des Mietreinertrags unberücksichtigt: (I) zu erwartende Mieteinnahmen aus der Nutzung eines Grundstücks, sei es ganz oder teilweise, durch ein mit der Darlehensnehmerin verbundenes Unternehmen, soweit der zugrundeliegende Mietvertrag nicht zu marktüblichen Konditionen abgeschlossen wurde, (II) die von einem Mieter geschuldete Miete, der mit mindestens drei Monatskaltmieten im Rückstand ist, (III) Beträge, die erst bei einer tatsächlich ausgeübten Verlängerungsoption fällig werden oder dadurch, dass ein bestehendes Mietverhältnis sich automatisch verlängert, weil es durch keine der Parteien des Mietvertrags gekündigt wurde, und (IV) mögliche Mieterhöhungen, soweit sich der Betrag der Mieterhöhung nicht bereits aus dem zugrunde liegenden Mietvertrag ergibt oder einvernehmlich zwischen den Parteien des betreffenden Mietvertrags vereinbart und unwiderruflich durch diese bestätigt wurde.

11.2 Die in Ziffer 11.1 bestimmten Schuldendienstdeckungsverhältnisse werden am Ende eines jeden Kalenderquartals überprüft. Spätestens einen Kalendermonat nach dem Ende eines Kalenderquartals hat die Darlehensnehmerin zu diesem Zweck der Darlehensgeberin eine im wesentlichen nach dem Muster erstellte Bescheinigung über die Einhaltung der Schuldendienstdeckungsvereinbarung vorzulegen (jeweils eine „**Erfüllungsbescheinigung**"), die den tatsächlichen Schuldendienstdeckungsgrad zum Ende des betreffenden Kalenderquartals ausweist. Der prognostizierte Schuldendienstdeckungsgrad soll nur dann berechnet und ausgewiesen werden, wenn (I) die Darlehensgeberin dies verlangt oder (II) der tatsächliche Schuldendienstdeckungsgrad gemäß den Angaben in der jüngsten von der Darlehensnehmerin vorgelegten Erfüllungsbescheinigung bei weniger als 110 % liegt.

(Quelle: Eigene Darstellung: ObjektCo)

Anhang 7: Muster Erfüllungsbescheinigung

Muster für Erfüllungsbescheinigung

Von:

[*Darlehensnehmerin*]

An:

Bank Niederlassung ...

Zu Händen: [●]

Straße

PLZ Ort

Fax: +49 (0)

[*Datum*]

Darlehensvertrag vom [●]

Sehr geehrte Damen und Herren,

wir beziehen uns auf den o. g. Darlehensvertrag (den „**Vertrag**").

Wir bestätigen, daß der tatsächliche Schuldendienstdeckungsgrad zum nächsten Zahlungstag [Datum] wie folgt sein wird:

Tatsächlicher Schuldendienstdeckungsgrad:

[●] %

Prognostizierter Schuldendienstdeckungsgrad:

Die gegenwärtige Darlehensgeberin wird sich mit der neuen Darlehensgeberin über die notwendigen Maßnahmen zur Übernahme bzw. zum Erhalt der Sicherheiten rechtzeitig ins Benehmen setzen.

_____

(*gegenwärtige Darlehensgeberin*)

(Quelle: Eigene Darstellung: ObjektCo)